KB159532

평화를 보는 눈

평화를 보는 눈

-폭력 없는 세상은 가능할까

2015년 1월 16일 초판 1쇄
2019년 8월 30일 초판 3쇄

지은이 | 정주진

편   집 | 김희중, 이민재
디자인 | 이창욱

제   작 | 영신사

펴낸이 | 장의덕
펴낸곳 | 도서출판 개마고원
등   록 | 1989년 9월 4일 제2-877호
주   소 | 경기도 고양시 일산동구 호수로 662 삼성라끄빌 1018호
전   화 | (031) 907-1012, 1018
팩   스 | (031) 907-1044
이메일 | webmaster@kaema.co.kr

ISBN 978-89-5769-284-4 03300
ⓒ정주진, 2015. Printed in Goyang, Korea.

blog.naver.com/kaema1989

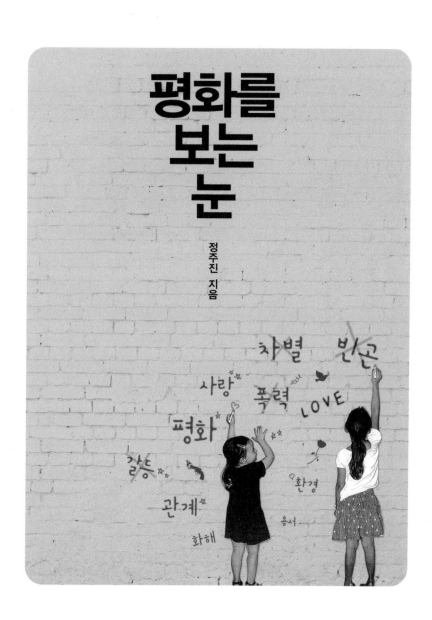

평화를
보는
눈

정주진 지음

개마고원

머리말

'평화'가 이런저런 이유로 사람들의 입에 자주 오르내리는 세상이다. 그러면서 그것이 과연 좋은 일일까 생각해보곤 한다. 평화학을 전공하고 평화연구를 하는 사람의 입장에서 생각해보면 연구하고 토론할 것이 많으니 나쁜 일은 아닌 것 같다. 평화에 대해 생각하는 사람들이 많아지고 있다는 증거이니 긍정적인 변화라고도 볼 수 있지 않을까? 그러나 다른 한편으로 평화가 많이 얘기된다는 것은 일상에서 평화가 부족하다고 느끼는 사람들이 많다는 증거기도 하다. 결국 사람들의 바람만큼 세상이 평화롭지 않다는 얘기다. 그러니 전체 세상의 입장에서 보면 좋은 일만은 아닐 듯싶다.

책을 쓰는 동안 두 가지 큰 사건이 있었다. 둘 다 역사에 남을 사건이다. 하나는 국내에서 발생한 세월호 침몰 사고다. 몇 시간 만에 300명 이상의 사람들이 사망했고 전국민이 공황상태에 빠졌다. 그런데 사고 원인을 밝히는 과정에서 사람들은 더 심한 공황에 빠졌다. 양파껍질처럼 벗겨도 벗겨도 사고의 근본 원인이 제대로 드러나지 않았기 때문이다. 사람들은 세월호 침몰 사고를 겪으며 우리 사회의 뿌리 깊은 문제를 어떻게 규정하고 다뤄야 할지 혼란스러워하고 있다.

다른 하나는 국외의 것으로 급진 이슬람 무장세력인 이슬람국가Islamic State, IS의 등장이다. 테러단체 알카에다의 하부조직에서 출발한 이들은 시리아 동북부와 이라크 북부를 장악한 뒤 급격히 세력을 확장해 스스로 국가라고 선언까지 했다. 그 과정에서 대규모 학살과 파괴를 자행했다. 그들은 선전을 목적으로 서방국가 시민들을 잇달아 참수하는 잔혹성을 보였다. 그런데도 이슬람국가 대원들 가운데 서유럽과 미국 등 서방국가 출신들이 수천 명에 달한다. 그들은 잔혹성을 알면서도 이슬람국가에 가담했다.

두 사건은 연관성이 없어 보인다. 그러나 평화의 시각에서 보면 둘 다 평화를 위협하는 폭력의 문제다. 세월호 사건의 뿌리에는 우리 사회의 폭력적 구조와 문화가 있다. 또한 이슬람국가의 잔혹한 학살과 파괴는 두말할 필요 없이 그 자체로 폭력이지만, 그 배후에도 역시 서방세계와 이슬람세계의 대립구조에서 비롯된 폭력의 문제가 있다. 평화를 만들기 위해서는 당연히 그런 폭력을 없애야 한다.

물론 말처럼 간단한 일이 아니다. 폭력을 통해 이익을 얻는 사람들과 폭력에 동조하는 사람들이 생각보다 많기 때문이다. 이슬람국가의 사례처럼 폭력이 계속 확산되면서 그들이 사회의 주류 세력이 되기도 한다. 그들 모두를 힘으로 제거할 수도 없다. 폭력에 폭력으로 맞서는 것 역시 평화를 깨뜨리기 때문이다. 폭력의 가해자를 규정하는 것 또한 쉽지 않다. 사회 구조와 문화가 폭력의 원인인 것은 분명한데 그 뒤에 숨은 가해자가 누군지는 잘 드러나지 않는다. 이슬람국가의 경우 수뇌부는 당연히 가해자라 할지라도 단순 가담자나 강요를 받은 대원들을 가해자로 볼 수 있는지, 아니면 희생자로 봐야하는지 아리송하다. 그리고 이슬람국가의 등장에 근본적인 영향을 미친 것은 비뚤어진 국제 정치와 근본주의 종교인데 누가 그 구조의 책임자인지 지목하는 것도 어려운 문제다.

두 사건은 대표적인 예에 불과하다. 우리 주변에서 볼 수 있는 빈곤, 부패, 개인과 집단 사이 갈등, 남북대결, 기후변화 등의 문제는 평화와 직접 관련이 없는 듯 보이지만 사실은 밀접하게 연관돼 있다. 그런 다양한 문제들의 원인에는 폭력이 숨어 있으며, 결과적으로도 폭력을 불러일으킨다. 이 책은 그렇게 일상에서 일어나는 다양한 문제들이 평화를 어떻게 해치는지 알려주는 책이다. 그리고 평화의 눈으로 문제들을 분석하고, 폭력을 없애고 평화를 이루기 위해 어떤 접근을 해야 하는지를 얘기하는 책이다. 이 책을 통해 독자들은 평화가 전쟁을 겪고 있는 사람들만의 문제가 아니라, 평범한 삶을 사는 사람에게도 중요한 문제라는 걸 알 수 있을 것이다. 결국 평화는 사람들 삶의 질을 좌우하고 생존까지 결정하는 문제다. 그러니 평화가 우리의 삶과 어떤 관계가 있는지 아는 것이 삶을 더 잘 이해할 수 있는 방법이다.

많은 사람들이 평화를 이론과 분석을 필요로 하는 주제가 아니라 감성적으로 이해하고 받아들이면 되는 삶의 지침 정도로 생각한다. 가치나 도덕과 관련된 철학적 문제로 생각하기도 한다. 혹은 평화와 직접 관계된 문제는 전쟁이나 극단적인 폭력일 뿐 일상에서 직면하는 일과 평화는 관계가 없다고 생각한다. 그래서 평화에 대해서는 알아도 그만, 몰라도 그만이라고 얘기한다.

그럼에도 불구하고 사람들은 '삶이 평화롭지 않다'거나 '평화가 필요하다'는 말을 하곤 한다. 자세히는 모르지만 평화가 삶의 문제와 관련돼 있음을 무의식적으로 인식하고 있는 것이다. 그렇지만 얼마나 구체적으로 관계돼 있는지는 잘 모른다. 이 책을 쓴 이유는 그런 생각을 가진 사람들에게 평화가 일상과 밀접히 관련돼 있음을 알리기 위해서다. 평화가 가치나 도덕, 또는 전쟁이나 극단적 폭력과 관련된 문제가 아니라 삶의 질과 생존을 좌우하는 문제임을 알려주기 위해서다.

한마디로 이 책은 평화가 무엇이며, 우리 삶에서 어떤 의미인지, 그리고 평화를 해치는 폭력을 없애기 위해서는 어떻게 해야 하는지, 평화에 대해 전반적으로 알아보는 교양서라 할 수 있다. 때문에 각 주제와 관련된 핵심 내용을 쉽게 전달하는 데 초점을 맞췄고, 동시에 성찰과 고민을 독려하는 책이 될 수 있도록 노력했다. 평화를 감상적 혹은 고답적 주제로 여기지 않도록 우리 사회에서 직면하는 다양한 사례를 통해 설명하려고 노력했다. 부디 독자들이 그런 노력을 알아주기를 바랄 뿐이다.

한국 사회에서는 평화연구가 개별적인 학문 영역도 아니며 평화연구를 하는 사람들도 많지 않지만 평화에 관심을 가지는 사람들은 조금씩 늘어가고 있다. 그들의 욕구를 충족시키는 데 이 책이 조금이나마 도움이 되기를 바란다. 평화연구의 목적은 연구를 통해 세상을 평화롭게 변화시키는 데 기여하기 위해서다. 이 책을 읽은 독자들도 세상을 변화시키는 꿈을 꾸고, 그런 노력에 조금이나마 동참하는 기회를 찾길 바라는 간절한 마음도 이 책에 담았다.

책을 쓴다는 것은 어렵고 무거운 책임이 따르는 일이지만 큰 특권이기도 하다. 이 책을 쓰는 특권을 누리게 된 것은 개마고원이 '세상을 보는 눈' 시리즈에 '평화'를 주제 중 하나로 선택했기 때문이다. 한국 사회에서 연구 영역이 수립돼 있지 않은 평화학에 관심을 가지고 평화라는 주제로 대중과 소통할 수 있는 기회를 만들어준 개마고원과 장의덕 대표에게 진심으로 감사드린다. 내용을 함께 검토하고 진행 방향을 논의해 준 편집팀의 김희중, 이민재 두 사람에게도 감사드린다. 모두의 격려와 수고가 없었다면 책을 쓰고 수정하는 과정을 순탄하게 보내기

힘들었을 것이다. 이 책이 여러 사람의 수고와 협력의 결과로
세상에 나오게 된 것이 무엇보다 기쁘다.

2015년 1월 일산에서

정 주 진

차 례

제1장

평화를 보는 눈

—

평화,
폭력을 확장해야
보인다

평화에 대해 얘기할 때 사람들이 가장 먼저 머리에 떠올리는 것은 아마 전쟁일 것이다. 평화의 반대가 전쟁이고, 전쟁만 없으면 세상이 평화로울 것이라고 생각하기 쉽다. 정확히 옳은 답은 아니지만 완전히 틀린 생각도 아니다. 전쟁은 대량살상, 사회 파괴, 인간성의 상실 등 상상할 수 있는 가장 비극적이고 비인간적인 일들을 만들어내니 말이다. 전쟁은 분명히 평화를 파괴하는 강력한 힘이다.

전쟁을 한마디로 말하자면 정치 집단 사이에 발생하는 무력 충돌이라고 할 수 있다. 전쟁을 일으키는 것은 주로 국가지만 냉전 이후에는 비국가 집단이 전쟁에 관여하는 경우가 많아졌다. 국가에 대항하고 정부를 전복시키려는 반군 조직이나 목적 달성을 위해 의도적으로 폭력을 행사하는 테러집단 등이 대표적인 비국가 집단이다.

어떤 집단이 일으키든, 전쟁은 삶의 근간을 파괴하고 대량의 인명손실을 가져온다. 병력과 무기를 이용한 집단 사이의 충돌을 모두 무장 갈등armed conflict으로 부르는데, 그중 1년 동안 1000명 이상이 사망했을 경우에 공식적으로 '전쟁'으로 구분된다. 그렇지만 1년에 700명이 사망하든 50명이 사망하든 당사자들로서는 언제 죽거나 다칠지 모르는 생활을 견뎌야 하는 것은 마찬가지다. 당사자들에게는 사망자 숫자와 전투의 규모에 상관없이 사실상 모든 무장 갈등이 전쟁이다.

2013년 말 기준으로 전세계 57개 나라에서 전쟁 또는 그와 비슷한 무장 갈등이 벌어지고 있다고 한다. 평화가 전쟁이 없는 상태를 말한다면 이 57개 나라 이외의 곳은 평화로워야 한다. 그렇다면 나머지 150여 개 나라는 평화로운 상태에 있다고 할 수 있을까? 그렇지 않다는 걸 누구나 알 것이다. 전쟁이 없는 곳에서도 사람들은 평화롭게 살지 못한다.

아름다운 카리브해에 접해 있는 섬나라 자메이카는 흥겨운 레게 뮤직과 가수 밥 말리Bob Marley로 유명하다. 그래서 많은 이들이 음악과 태양빛이 흘러넘치는 자메이카를 상상하고 가보고 싶은 여행지로 꼽기도 한다. 그러나 현실의 자메이카는 범죄, 갱단 폭력, 살인 등이 만연해 길거리에서 봉변을 당하거나 총에 맞을 위험도 감수해야 하는 곳이다.

자메이카에서 총기 살인은 너무도 흔한 일이다. 자메이카에서는 전체 살인 사건 중 70퍼센트가 총기에 의한 것이고 1년에 1000건 이상의 총기 살인 사건이 발생한다. 특이한 것은 경찰의 총기에 희생되는 사람들도 상당수에 달한다는 점이다. 그만큼 총기 사용이 만연해 있다. 자메이카에서는 인구 100명 중 8명이 총을 소유하고 있다. 보통 총기를 가지고 다니지 않을 어린아이, 노인, 여자들을 빼면 갱과 범죄자들은 말할 것도 없고 상당수의 남자들이 총을 가지고 거리를 활보한다고 볼 수 있다.

실제로 2013년에는 자메이카에 가족과 함께 방문한 8살짜리 영국 여자아이가 총에 맞아 사망한 사건이 발생해 크게 보도가 된 적이 있다. 엄마가 쇼핑간 사이 한 가게에서 사촌언니와 놀고 있었는데 갑자기 복면 쓴 남자가 들이닥쳐 총기 난사를 해댄 것이다. 지역 갱단 사이의 다툼 때문이었다. 그러나 이 사건이 크게 화제가 된 것은 희생자가 영국 아이였기 때문이지, 이런 불행한 죽음은 자메이카에서 너무 흔한 일이라서 잘 보도되지도 않는다. 지금 이 순간에도 자메이카의 거리에서는 한 아이가 총탄을 맞고 있을지 모른다.

전쟁은 없지만 이렇게 총기에 목숨을 잃는 사람들은 전세계적으로 한 해 30만 명이 넘는다. 그런데 이런 일이 정치적으로 불안하고 치안이 열악한 나라에서만 일어나는 것은 아니다. 미국은 누구나 아는 선진국이지만 총기 사용으로 인해 많은 사망자가 발생하기로 유명하다. 2013년 한 해 동안 1만1419명이 총기에 희생됐다. 하루에 30명 이상이 총을 맞고 죽는 것이다.

그렇다면 무기가 문제일까? 무기만 없어지면, 평화가 보장될 수 있을까? 이것도 조금만 생각해보면 그렇지 않다는 걸 알 수 있다. 굶주림과 질병에 고통 받는 시리아와 아프가니스탄 난민들이나 사장의 폭언에 시달리며 일을 하는 한국의 외국인 노동자들이 평화로운 삶을 살고 있다고는 말할 수 없다.

그러니 근본적인 문제는 곳곳에 병균처럼 퍼져 있으면서 시시때때로 사람의 생명과 안전을 위협하는 폭력이다. 평화의 반대는 전쟁이 아니라 폭력인 것이다. 생명도 행복도 미래도 보장받지 못하는 불안하고 고통스런 삶은 평화로울 수 없다.

그렇게 사람들의 평화로운 삶을 위협하는 모든 것을 우리는 폭력이라고 부른다. 평화롭게 살기 위해서는 결국 전쟁과 무기만 없는 평화가 아니라 폭력 없는 평화가 이뤄져야 한다.

폭력의 세 가지 종류

그러므로 우리가 평화를 알기 위해서는 먼저 폭력을 알아야 한다. 그런데 폭력을 아는 것이 생각처럼 쉬운 일은 아니다. 대부분의 폭력은 눈에 보이지 않게 교묘한 형태로 사회 곳곳에 자리 잡고 있으며, 끊임없이 모습을 바꾸기 때문이다.

'폭력'이라고 하면 흔히 물리적 힘으로 신체에 해를 입히는 광경을 머리에 떠올린다. 살인과 폭행이 그 대표적인 예이며, 전쟁은 이런 직접적 폭력이 극단적으로 나타나는 경우다. 물론 그것이 폭력의 전부가 아니라는 것은 어렴풋이 알고 있지만 그럼에도 불구하고 체계적으로 폭력을 이해하고 있는 경우는 아주 드물다.

폭력은 간단히 정의하면 인간에게 신체적·정신적·심리적으로 해를 입히고, 자유를 억압하며, 원하지 않는 일을 강요하는 모든 것을 말한다. 그런데 이렇게 폭력을 정의하면 수없이 많은 세상사 중 구체적으로 어떤 것을 말하는지 참 애매하다. 그래서 보다 자세하게, 그리고 체계적으로 폭력을 이해하기 위해 평화 연구에서는 폭력을 직접적direct 폭력, 구조적structural 폭력, 그리고 문화적cultural 폭력으로 구분하고 있다.

먼저 직접적 폭력은 한 사람이 신체·도구·무기 등 물리적 힘을 이용해 다른 사람에게 해를 가하는 것을 말한다. 이것은 인간이 인간에게 가하는 가장 원초적이고 적나라한 폭력이다. 직접적 폭력은 크게 두 가지로 구분되는데 하나는 살인과 폭행 등 신체를 해치는 것이고, 다른 하나는 감금과 억류 등 신체의 자유를 억압하는 것이다. 전쟁과 각종 범죄는 직접적 폭력의 가장 대표적인 예라고 할 수 있다. 그러나 이런 물리적인 가해만 직접적 폭력에 해당하는 것은 아니다. 일상에서 흔히 일어나는 언어폭력도 직접적 폭력이다. "야 이 XX야!" 같은 욕설이나 기타 공격적이고 악의적인 언어는 상대에게 즉각, 그리고 직접적으로 피해를 입힌다. 심지어 때로 상대방에게 충격적인 말을 듣고 뒷목 잡고서 쓰러지기도 한다.

직접적 폭력이 발생했느냐의 여부는 피해를 입은 사람이 있느냐에 따라 결정되지 '피치 못할 사정에 의한 폭력'이라는 것은 인정되지 않는다. 야간에 택시를 운행하는 개인택시 운전기사 정 씨의 이야기를 보자. 그는 밤새 일하기 때문에 낮에는 잠을 자야 했다. 그런데 시끄럽게 뛰어다니는 위층 아이들 때문에 잠을 자지 못하는 날이 많았다. 어느 날, 그날따라 더 요란스럽게 아이들이 뛰어다니고 늦은 오후까지도 소음이 멈추질 않았다. 격분한 그는 뒷주머니에 과일칼을 꽂은 채 위층으로 뛰어 올라갔다. 그리고 윗집 주인과 다투다 뺨을 때리고 칼까지 꺼내 휘둘렀다. 결국 정 씨는 폭행죄로 기소돼 징역형을 선고받았다. 그는 소음을 참을 때는 피해자였지만 폭력을 가하는 순간 가해자가 된 것이다.

직접적 폭력은 즉각 피해가 나타나고 현장에서 폭력의 정도가 분명히 드러난다. 그렇지만 눈에 잘 보인다고 쉽게 없앨 수 있는 것은 아니다. 대부분의 직접적 폭력이 사회 환경이나 다른 폭력과의 관계 속에서 발생하기 때문이다. 예컨대 정 씨의 폭력도 야간 운전과 층간소음으로 인한 스트레스에서 비롯된 것이었다. 그가 밤에 일하지 않아도 되는 환경이었다면, 또 방음이 잘 된 집에서 살았더라면 폭력을 휘두르는 일도 없었을 것이다. 직접적 폭력을 없애기 위해서는 그 폭력이 일어난 맥락과 구조를 파악해야 한다.

구조적 폭력은 말 그대로 구조가 폭력이 되는 경우를 말한다. 구조라는 것은 사회의 뼈대다. 구조는 가족에서부터 국가와 국제사회까지 모든 종류의 인간 사회에 존재한다. 사회 구성원들이 함께 만들고 지키기로 약속한 법·제도·규칙·정책뿐만 아니라 그것들을 관리하고 실행하는 기관과 조직 등이 모두 구조에 해당한다. 법으로 정해지거나 문서화돼 있지는 않지만 일정한 방식으로 사회를 움직이게 만드는 관습과 관례 등도 구조이다. 공식적이지 않은 조직에서는 관습과 관례 등이 더 중요한 구조일 수 있다.

그런데 이런 사회 구조가 제대로 작동하지 않거나 누군가에게 악용돼 오히려 사회 구성원들을 억압하고 해를 끼치는 경우가 심심찮게 생긴다. 이것이 바로 구조적 폭력이다.

직접적 폭력에 비해 구조적 폭력은 눈에 잘 보이지 않는다. 또한 사람들은 사회의 구조가 폭력을 저지를 수 있다고는 좀처럼 생각하지 않는다. 그렇지만 앞서 언급한 폭력의 정의를 되새겨보자. 사회의 구조가 "인간에게 신체적·정신적·심리적으로 해를 입히고, 자유를 억압하며, 원하지 않는 일을 강요"하고 있다면, 구조가 폭력을 저지르는 것이라 할 수 있다.

우리나라의 지나치게 낮은 최저임금은 구조적 폭력의 대표적인 사례 중 하나다. 우리나라의 2015년 최저임금은 5580원이다. 최저임금을 받고 하루 8시간 한 달 30일을 꼬박 일하면 120만 원 정도의 돈을 벌 수 있다. 그 돈으로 방세·식비·교통비·공과금 등 기본생활비를 지출하며 도시에서 생활할 수 있을까? 한 달, 한 달 버티는 것도 힘들고 일을 해도 미래는 어두워지기만 할 것이다.

한 대학생의 사례를 보자. 그는 학기 중간에 등록금을 벌기 위해 비교적 임금이 후한 고층 건물 창문 닦는 일을 한다. 공부를 할 시간에 전문가도 아니면서 그런 위험한 일을 하는 이유는 간단하다. 최저임금을 받는 정도의 일을 해서는 등록금을 마련할 수 없기 때문이다. 그는 새 학기가 시작될 때마다 '돈의 장벽'과 '암울한 미래'를 실감한다. 일을 하느라 학점이 좋지 않으니 졸업해도 좋은 직장을 얻을 수는 없을 것 같아 불안하기만 하다.

생활비를 충당하기에도 턱없이 부족한 최저임금을 받는 사람들은 잠자는 시간까지 줄여 일해야 한다. 결국 학생은 공부를 할 수 없고, 부모는 자녀를 돌볼 수 없으며, 병이 있는 사람은 몸을 회복시킬 수가 없다. 이렇듯 낮은 최저임금은 사회의 약자들에게 신체적·정신적·심리적으로 해를 입히고 원하지 않는 일을 강요하는 구조적 폭력으로 기능하고 있는 것이다.

이런 구조적 폭력의 가장 큰 문제는 궁극적으로 사람들 각자가 가지고 있는 잠재적 능력의 실현을 가로막는다는 것이다. 1960년대 말 구조적 폭력 개념을 고안한 요한 갈퉁Johan Galtung 은 한 인간이 사회의 잘못된 구조 때문에 자신이 가진 가능성의 전부를 발휘하지 못한다면 그 사람은 결국 그 차이만큼 구조적 폭력에 희생되는 것이라고 보았다.

구조적 폭력의 첫번째 특징은 피해가 장기간에 걸쳐 발생한다는 것이다. 신체를 예로 들면 당장은 피해가 없는 것 같지만

요한 갈퉁
노르웨이의 평화학자로 노르웨이 국제평화연구소 창설자이다. 1970년대 이후 남북한을 수십 회 방문하여 남북한의 평화통일을 위해 노력하기도 했다.

장기적으로 영양실조나 질병 등 몸에 문제가 생기고 심지어 생명까지 위험해진다. 피해자 삶의 질이 전체적으로 낮아지는 것이다.

두번째 특징은 가해의 주체가 잘 드러나지 않는다는 것이다. 최저임금제의 경우 구조적 폭력이 되는 것은 제도 자체가 아니라 지나치게 낮은 최저임금이다. 최저임금 결정에 참여하는 사람들이나 그것을 관리 운영하는 공공기관, 그리고 제도를 악용하는 개인 사업자나 기업 등이 가해 주체가 될 수 있지만 누구하나만이 가해자라고 지목할 수는 없다.

세번째 특징은 합법적인 방식으로 폭력이 가해진다는 것이다. 사회의 구조는 정당한 절차와 구성원들의 동의를 거쳐 만들어진다. 그러므로 그 구조가 구성원들을 억압하고 잘못된 것을 강요하는 폭력을 가한다 할지라도 그것 자체의 합법성은 유지된다.

네번째 특징은 장기간에 걸쳐 가해지고 연쇄 효과를 내기 때문에 피해의 범위가 넓다는 것이다. 하나의 잘못된 구조는 연결된 다른 구조에까지 악영향을 주고 결국 영향에 노출된 사람들 모두에게 피해를 입히게 된다. 또한 시간이 갈수록 그 피해의 범위는 넓어지게 된다.

마지막으로 문화적 폭력은 우리가 문화라 부르는 것들, 다시 말해 사상·철학·예술·과학·종교·전통·담론·언어 등을 통해 가해지는 폭력이다. 문화는 대개 인간의 본능적인 욕구를 넘어 정신적·심리적 욕구를 충족시킴으로써 삶을 풍성하게 만드는 것인데 어떻게 폭력이 될 수 있을까? 여성을 연약하고 어리석은 존재로 보는 가부장적인 시선, 흑인을 더럽고 열등한 존재로 보는 반면 백인은 멋지고 우월한 존재로 보는 인종주의적 시선, 동남아 등지에서 우리나라로 일하러 온 외국인 노동자를 위험한 범죄자로 취급하는 차별적 시선 등이 각종 문화에 녹아들어 있을 때 문화적 폭력이 발생할 수 있다.

개인 차원은 물론 집단과 국가 차원에서도 문화가 자유를 억압하고, 자유 의지에 반하는 것을 강요하며, 생각을 통제하는 수단으로 악용되기도 한다. 독재정권도, 가부장사회도, 그리고 독선적 지도자도 문화를 이용해 다수의 사람들에게 폭력을 가한다.

문화적 폭력의 첫번째 특징은 눈에 잘 띄지 않는다는 것이다. 문화는 사회나 집단 안에서 자연스럽게 공유되고 인정받는 것이기 때문에 문화의 폭력성을 인식 못하는 사람들이 많다. 남아선호 사상, 여성차별 관습, 상명하복 문화 등이 그렇다. 눈에 잘 띄지 않기 때문에 폭력을 찾아내고 없애는 것이 쉽지 않다.

두번째 특징은 서서히 침투해 정신과 생각을 지배하는 형태로 폭력이 가해지기 때문에 피해자조차 폭력의 존재를 인식하기 힘들고 때론 자신이 피해자임을 부인하기도 한다. 인종차별주의·백인우월주의·종교근본주의 등으로 인한 폭력이 만연한 사회에 사는 사람들은 그런 사상을 소속된 집단이나 사회의 당연한 통념이나 규범으로 받아들이며, 그런 사상을 강요받은 자신이 폭력의 피해자임을 인식하지도 못한다.

세번째 특징이 가장 중요한데, 문화적 폭력이 구조적 폭력과 직접적 폭력의 토대가 된다는 것이다. 직접적 폭력의 극단적 형태인 전쟁은 적대적 집단을 겨냥한 군사력과 함께 적대적 대응을 쉽게 할 수 있게 해주는 정책과 제도를 필요로 한다. 전쟁을 야기하는 이런 폭력적 구조를 정당화하는 것은 평화적 문제해결을 거부하고 무력 제압을 최선으로 주장하는 사상, 이론, 사회 담론 등이다. 모든 국가가 전쟁의 가능성을 완전히 배제할 수 없기 때문에 국방을 중요하게 생각하지만 방어에 초점을 맞춰 최소한의 국방력을 갖추는 것과 먼저 적을 공격해서 문제를 해결해야 한다고 여기는 건 다르다. 이런 문화적 폭력이 전쟁 가능성을 높이는 구조적 폭력을 만들고 결국 가장 참혹한 직접적 폭력인 전쟁을 발생시키는 것이다.

어느 정도까지 평화로울 수 있을까?

평화가 폭력이 없는 상태를 의미한다면 개인, 사회, 세계 차원에서 어느 수준의 평화까지 가능하고 어느 수준이 현실적일까? 사람들을 만족시키는 평화의 수준은 어느 정도일까? 평화의 수준은 이론적으로 폭력의 정도에 따라 두 가지로 분류된다. 낮은 수준의 평화는 소극적negative 평화로, 높은 수준의 평화는 적극적_{positive} 평화로 불린다. 소극적 평화는 직접적 폭력이 제거된 상태를 말하고 적극적 평화는 직접적 폭력은 물론 구조적·문화적 폭력까지 모두 제거된 상태를 말한다. 무엇이든 높은 수준의 것이 더 좋듯 평화도 적극적 평화가 더 바람직하다. 문제는 현실적으로 어디까지 가능한가이다.

소극적 평화는 인간의 생명과 안전이 보장되는 상태를 말한다. 그런데 이런 소극적 평화의 달성조차 쉬운 일이 아니다. 전쟁이 끝나야 하고, 강력 범죄가 사라져야 하며, 사람을 위협하는 모든 폭행·폭언 등도 없어져야 하기 때문이다. 이런 일이 정말 가능은 할까? 그럼에도 소극적 평화는 인간의 생존을 좌우하기 때문에 장애물이 많아도 반드시 성취돼야 하는 기본적인 수준의 평화로 이해된다.

구조적, 문화적 폭력까지 사라지는 적극적 평화는 이상적인 상태로 이해되곤 한다. 지구상에 적극적 평화를 완벽하게 이룬 사회나 국가를 찾는 것은 거의 불가능할 것이다. 작은 집단이나 조직에서는 가능할지 모르지만 다양한 사람들이 복잡한 구조 안에서 얽히고설켜 사는 큰 사회에서는 적극적 평화를 얘기한다는 것 자체가 순진한 주장으로 여겨지기도 한다. 실제로 냉전시대에는 현실적으로 거의 불가능한 적극적 평화보다는 전쟁예방, 군축, 핵무기확산 금지, 국제분쟁 종식 등 소극적 평화를 위해 노력하는 것이 더 합리적이라는 주장이 지배적이었다. 그렇지만 비록 적극적 평화의 달성이 현실적으로 불가능하더라도 그것을 목표로 삼고 노력해야만 한다. 그 이유는 직접적 폭력과 구조적 폭력, 문화적 폭력이 연결되어 있듯이 소극적 평화와 적극적 평화도 칼로 자르듯 나뉜 것이 아니기 때문이다. 적극적 평화에 목표를 맞추지 않으면 소극적 평화도 달성되지 않거나 흔들리게 된다.

2014년 4월 16일 발생한 세월호 침몰 사고는 한국사회를 공황 상태에 빠뜨렸다. 확인된 476명의 승객 중 172명만 구조됐고 304명의 희생자가 발생했다. 특히 사망자 중 고등학생들이 250명이나 됐다. 이 끔찍한 참사 앞에서 사람들은 슬픔과 분노에 휩싸였다. 사고야 언제든 일어날 수 있는 것이지만 사회에 뿌리박힌 폭력적 구조는 이를 대형참사로 키웠다. 이 사건은 한국사회가 직면한 폭력의 현실을 그 어떤 사례보다 선명하게 보여주는 동시에 한 가지 폭력이 다른 폭력과 어떻게 연결되는지를 잘 설명해준다.

세월호 희생자 중 많은 이들은 사고 후에 제대로 대피 명령만 내려졌어도 구조될 수 있었다. 그러나 잘못된 조치로 피해가 커졌고 이는 직접적 폭력이 발생했음을 의미한다. 가해자는 승객들을 버리고 자기들만 탈출한 선장을 포함한 승무원들이었다. 그렇지만 세월호가 침몰한 근본원인은 다른 곳에 있었다. 과도한 선박증축, 부실한 안전검사, 화물 초과 적재, 승무원 교육 부재 등 선박회사의 잘못된 운영과 그를 묵인한 제도가 문제였다. 신속하지도 효율적이지도 않으며 책임감도 부족

세월호 침몰 사고를 불러온 구조적·문화적 폭력은 한국 사회에 이전부터 존재했으며, 그 때문에 유사한 다른 참사들이 벌어졌었다. 그런 점에서 세월호 침몰은 누적된 폭력의 결과라고 할 수 있다. (ⓒ미디어카툰 장재혁 작가)

한 해경의 시스템 역시 희생자들을 구조하는 데 실패했다. 결국 수백 명의 사망자를 내고 생존자들과 유족에게 심대한 정신적 피해를 준 직접적 폭력의 근본원인은 잘못 만들어지고 운영된 구조였다.

그리고 폭력적인 구조의 책임자는 각각의 잘못된 과정과 체계에 적극 참여하거나 그것을 묵인한 사람들이었다. 한편으로 이런 구조적 폭력이 만연하도록 만든 것은 승객들의 안전보다 이익을 우선한 기업의 조직 문화, 그에 따른 화물 적재와 선박 운항 관례, 규정 위반을 대수롭지 않게 생각하고 눈감아주는 사회 정서 등의 문화적 폭력이었다. 가해자는 물론 그런 사회 문화를 만들거나 적극적으로 유지하고 묵인한 사람들이었다. 직접적 폭력의 가해자는 소수였지만 구조적 폭력과 문화적 폭력으로 갈수록 가해자는 더 많아진다. 결국 세월호 사고는 지속성이 강한, 다시 말해 잘 변하지 않는 문화적 폭력에 토대를 두고 그로부터 비롯된 구조적 폭력이 장기간 축적돼 있다가 직접적 폭력으로 폭발한 결과였다.

세월호 침몰 사고는 하나의 폭력이 다른 폭력과 연결되어 있기 때문에 하나의 폭력을 없애기 위해서는 다른 폭력도 같이 제거해야 함을 잘 보여준다. 구조적 폭력이 없어지지 않으면 그것은 결국 언젠가 직접적 폭력을 일으키고, 문화적 폭력을 없애지 않으면 구조적 폭력이 나타나게 된다. 이것은 직접적 폭력이 없는 소극적 평화와 구조적·문화적 폭력까지 없는 적극적 평화와의 상호 관련성을 잘 설명해준다. 때문에 직접적 폭력의 제거에 초점을 맞춘다고 소극적 평화가 달성될 수 있는 것은 아니며, 적극적 평화를 목표로 한 노력이 없으면 사실상 소극적 평화의 실현도 불가능하다. 소극적 평화와 적극적 평화는 양자택일의 사안이 아니다.

소극적 평화와 적극적 평화 중 무엇을 우선적인 목표로 삼느냐는 사회의 상황에 따라 달라질 수 있다. 전쟁중이거나 강력범죄가 만연한 사회에서는 소극적 평화가 가장 시급한 목표일 것이다. 생명과 안전을 위협하는 직접적 폭력을 제거해야만 삶의 질과 행복을 보장하는 적극적 평화로 나아갈 수 있기 때문이다. 상대적으로 직접적 폭력이 많이 발생하지는 않지만 쉽게 인지하기 힘든 구조적·문화적 폭력이 만연한 사회에서는 적극적 평화를 목표로 삼고 포괄적으로 폭력에 대응하는 노력이 필요하다. 이렇듯 소극적 평화와 적극적 평화는 양자택일의 문제가 아니라, 처한 상황에서 무엇을 우선적으로 다루고 무엇에 더 집중할 것이냐를 선택하는 문제다. 세상에 소극적 평화만 필요하고 적극적 평화는 필요치 않은 사회와 사람은 없다

'평화감수성'이 필요하다

평화를 해치는 폭력이 발생하는 이유는 간단하다. 힘의 차이를 악용해 자기 이익을 챙기려는 사람들이 존재하기 때문이

다. 일반적으로 폭력의 가해자는 상대적으로 힘이 강한 쪽이고 피해자는 약한 쪽이다. 힘의 형태는 여러 가지다. 신체와 가지고 있는 도구 또는 무기가 힘이 되기도 하지만 정보·지식·학력·인맥·재산·나이·지위·가족 배경 그리고 집단의 경제력, 정치적 영향력, 외교력, 군사력 등 다양한 것이 힘이 된다. 신체와 도구 또는 무기를 이용한 힘은 주로 직접적 폭력에 이용되고 알아보기도 쉽다. 그러나 구조적·문화적 폭력은 주로 권력·정보·지식·인맥 등 잘 드러나지 않는 힘에서 나오기 때문에 파악하는 것이 쉽지 않다.

그러나 힘의 크기와 차이는 상대적이다. 어떤 한 개인 또는 집단이 절대적으로 힘이 약한 경우는 없다. 이는 누구나 폭력의 가해자가 될 수 있고, 다른 한편 누구나 피해자가 될 수 있다는 뜻이다. 어떤 상황과 장소에서는 피해자였던 사람이 다른 상황과 장소에서는 가해자가 되는 것이다. 언제 어디서나 발생할 수 있는 이런 폭력을 줄이기 위해서는 개인과 집단이 폭력에 민감해야 한다. 폭력에 둔감하다면 자신보다 약한 이들을 희생시키며 이익을 얻으려 할 것이지만, 폭력에 민감하다면 폭력이 연쇄적으로 이어지는 일을 멈출 가능성이 높아진다. 그러므로 폭력 둔감형 인간보다는 폭력 민감형 인간이 많아져야 폭력이 줄어들 수 있다.

폭력을 가하는 사람이 얻는 이익은 다양하다. 물질적인 이익을 노리는 경우가 많긴 하지만, 자기 위안이나 우월감 같은 심리적인 이익을 얻으려는 경우도 있다. 흥미로운 것은 이익을 얻는 가해자들 사이에도 힘의 차이가 존재하고 그에 따라 얻는 이익의 수준도 달라진다는 것이다.

직접적 폭력의 경우 눈에 보이는 가해자가 힘으로 상대를 제압한 후 억압과 강요로 원하는 이익을 얻는 것처럼 보인다. 하지만 그렇지 않은 경우도 많다. 전쟁터에서 싸우는 일반 군인들이 승리했을 때 얻을 수 있는 이익이 무엇일까? 상관의 칭찬과 포상휴가, 훈장 등일 것이다. 승리의 기쁨도 만끽할 수 있을 것이다. 그렇지만 그 대가로 이들은 죽음에 대한 두려움은 물론 신체적·정신적 피해를 감수해야 한다. 실제로 불구가 되거나 죽을 수도 있다. 승전국의 군인 역시 폭력에 희생될 수 있는 것이다. 반면 전쟁을 통해 알짜배기 이익을 챙기는 것은 힘 있는 군 지휘관들과 정치가들, 그리고 집단 또는 국가의 지도자들이다. 이들은 전쟁에서 승리한다면, 영향력이 커지거나 다음 선거에서 다시 당선될 수 있다.

구조적·문화적 폭력에서는 문제가 더 복잡해진다. 폭력이 잘 드러나지 않기 때문이다. 그렇지만 이 경우에도 반드시 이익을 얻는 가해자가 존재한다. 그들은 구조를 움직이는 권한을 가지고 있거나, 그 구조와 결탁한 사람들이거나, 특정 분야의 이론과 담론을 주도하는 사람들로 분명 피해자보다 힘이 있는 사람들이다. 약간의 콩고물 정도는 이 폭력적인 구조와 문화의 말단에 있는 사람들에게도 돌아간다. 그렇지만 알짜배기 이익은 더 많은 힘을 가지고 구조와 문화를 위에서 통제하는 사람과 집단에게 돌아간다. 폭력의 가해자들 사이에 존재하는 이런 힘의 차이로 인해 상대적으로 약한 가해자는 한편으로 더 강한 가해자에게 피해를 입기도 하지만, 이들은 대개 자신의 피해를 인식하지 못한다.

폭력의 희생자 또한 힘의 차이를 악용해 가해자 대열에 합류하곤 한다. 폭력의 피해를 입은 개인이나 집단은 피해를 상쇄하기 위해 때로 자신보다 약한 쪽을 희생시킨다. 그래서 발생하는 것이 2차 폭력secondary violence이다. 2차 폭력은 구조적 폭력의 피해를 입은 사람이 자신의 피해를 극복하기 위해, 또는 피해를 보상받기 위해 저지르는 폭력을 말한다. '왕따' 피해 학생이 자신도 강하다는 것을 보여주기 위해 다른 학생을 왕따시키는 것이 대표적인 사례일 것이다. 이런 2차 폭력의 가해자들은 보통 자신의 입었던 피해에는 민감하지만 자신이 타인에게 입힌 피해에는 둔감하다. 다음 이야기의 수진이도 그런 사례다.

20살의 수진은 현재는 평범한 대학생이지만 과거엔 학교의 '일진'이었다. 아이들을 괴롭히는 것은 일상이었고 다른 학교 학생들과 벌인 패싸움에서 상대를 죽도록 패기도 했다. 그러다 학교를 자퇴했고 전국을 떠돌다가 우연히 청소년 대안가정을 만나 새로운 삶을 살게 됐다. '일진'이 돼 폭력의 가해자가 되기 전에는 수진이도 폭력의 피해자였다. 수진은 어렸을 때 엄마가 폐암으로 돌아가셔서 이모 집에서 같이 살게 됐다. 그렇지만 이

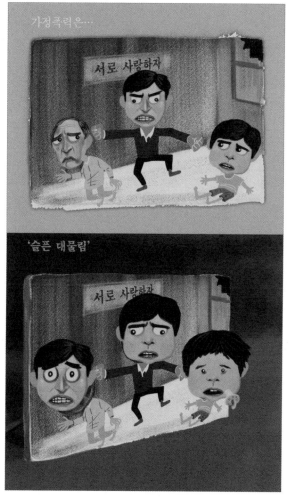

폭력은 또 다른 폭력을 부른다. 이것이 2차 폭력의 기본 개념이다. 폭력의 피해자들은 스스로 폭력에 둔감해지기 쉬우며 그에 따라 문제해결 방식으로 폭력을 선택할 가능성이 높아진다. (ⓒ미디어카툰 정태권 작가)

모는 수진을 가족으로 대해주지 않았으며, '정신적으로 문제가 있는 아이'라며 막말을 하는 등 학대했다. 죽도록 맞고 집에서 쫓겨난 일도 있었다. 자신이 집에서 당하는 폭력을 보상받기 위해 수진은 학교에서는 가해자가 됐다. 아이들을 괴롭히는 아이들은 교실의 위계질서에서 맨 위에 설 수 있다. 그런 식으로 집에서의 비참한 상황을 보상받으려 하는 것이다. 가정 형편이 안 좋아 사회적 약자로 취급받는 아이들은 자신을 세상에서 "가장 비참하고, 약하며, 불행한 사람으로 생각"하며 학교에서만큼은 남들 위에 서는 강자가 되고 싶어 한다. 그리고 "다른 아이들이 우러러볼 만큼 자신을 강하게 보이게 할 수 있는 가장 좋은 방법이 폭력"인 것이다.(2012년 5월 15일 방영된 KBS 시사기획 〈창〉의 "학교 폭력, 가해자는 말한다" 편에 나온 사연을 재구성했다)

이런 2차 폭력의 형태는 다양하다. 알콜 및 마약 중독, 우울증, 자살처럼 스스로를 파괴하는 모습으로 나타나기도 하고, 가정폭력·학교폭력·강력범죄·성폭행·폭언 같은 집단 내 폭력의 형태로 밖으로 표출되기도 한다. 그리고 국가 차원에서는 정부에 저항하는 세력이 테러나 내전을 일으키기도 한다.

수진의 사례가 보여주는 것처럼 많은 폭력 가해자들은 과거 자신이 당했던 것과 비슷한 폭력을 다른 사람에게 가하면서도 자신의 행동이 잘못이라고 생각하지 않는다. 오히려 힘의 질서에 순응하는 것이라고 생각한다. 이렇게 폭력이 연쇄적으로 발생하는 가장 큰 이유는 사람들이 폭력에 둔감하기 때문이다. 폭력을 가하고 그를 통해 이익을 얻는 사람들은 물론 피해자들조차 폭력에 둔감하고 이해가 부족하다. 그 결과는 두 가지로 나타난다. 하나는 자신에게 가해지는 폭력조차 모르거나 인정하지 않는 것이고, 다른 하나는 자신이 다른 사람에게 폭력을 가하고 있다는 것을 모르거나 인정하지 않는다는 것이다.

자신이 폭력에 희생되고 있다는 것을 깨닫고, 자신 또한 누군가에게 폭력을 행사하고 있다는 걸 되돌아볼 수 있는 '폭력 민감형' 인간이 늘어나야 세상에서 폭력이 사라지고 평화를 이룰 수 있다. '평화감수성'을 기르는 것이 중요한 까닭이다.

제2장

평화를 보는 눈

평화는
공허한 구호인가

"**평화는 좀 뜬구름** 같습니다. 눈에 보이는 듯해도 막상 손으로 잡으려면 아무것도 잡히는 것 없는 안개 같은 거랄까요."

　　　"눈에 보이지도 않는데 어떻게 목표로 삼거나 실현할 수 있죠?"

　　　"평화는 추상적입니다."

　　　"평화란 무엇인가?"라는 질문을 했을 때 흔히 답변으로 돌아오는 얘기들이다. 이런 짤막한 답들은 사람들이 평화에 대해 품고 있는 두 부류의 생각을 보여준다. 하나는 평화를 긍정적으로 생각한다는 것이다. 평화를 부정적으로 생각한다면 사람들은 굳이 그 말을 놓고 고민하거나 '가시적 증거'를 찾기 위해 애쓰지도 않을 것이다. 다른 하나는 그렇게 평화를 긍정적으로 생각함에도 구체적으로 어떻게 실현해야 할지 알 수 없다는 데서 오는 답답함이다. 긍정적인 것이라면 구체화·현실화시켜야 할 텐데 어디서 어떻게 시작해야 할지 막연하고 그래서 답답한 것이다. 잠깐의 고심 끝에 사람들은 '추상적'이라는 깔끔한 한마디로 고민을 정리하곤 한다. 그런데 정말 평화는 추상적일까?

평화가 추상적이라고 생각하면서도 사람들은 '평화를 원한다'고 말한다. 그리고 원하는 평화의 모습을 자세히 묘사하기도 한다. 자신을 포함해 모든 사람들이 행복한 세상, 억울한 사람이 없는 세상, 가난하고 굶주리는 사람이 없는 세상, 전쟁이 없는 세상, 모두가 함께 어울려 사는 세상 등이 그들이 묘사하는 평화의 모습이다. 사람들은 자신·가족·공동체·사회·세계가 직면한 문제들이 해결되는 것이 곧 평화라고 생각한다. 자신이 겪고 있는 문제를 해결하는 것만큼 구체적이고 현실적인 일이 있는가? 그렇다면 결국 평화는 추상적이지도 않고 그럴 수도 없다. 현실의 문제를 다루지 않고는 평화가 이뤄질 수 없기 때문이다.

그럼에도 사람들이 평화가 추상적이라고 말하는 이유는 아마도 평화를 실현하는 일에서 겪는 어려움 때문이리라. 실제로 눈앞에 있는 문제를 해결하기 위해서는 넘어야 할 것들이 굉장히 많다. 직접적 폭력을 해결하는 것은 간단해 보여도 구조적·문화적 폭력까지 해결하려면 사회의 전반적인 변화가 불가피하다. 그렇지만 평화 실현의 시작과 목표는 각자가 딛고 선 현실에 근거하고 있다. 사람들이 어떤 계기로 평화를 고민하기 시작했는지를 알면 평화가 추상적이지 않고 현실에 근거하고 있음이 더욱 분명해진다.

평화에 대한 관심이 커지고, 평화를 학문적으로 탐구하는 사람들이 생기기 시작한 것은 대략 20세기 초반, 제1차 세계대전과 제2차 세계대전 사이라고 여겨진다. 평화에 대한 관심이 싹트도록 자극한 것은 거대한 전쟁의 소용돌이가 불러온 막대한 희생이었다. 1914~1918년 벌어진 제1차 세계대전은 대략 1700만 명의 사망자를 낳았다. 당시 전세계 인구의 약 1퍼센트에 달하는 수였다. 전례 없던 큰 전쟁으로 수많은 피해가 발생한 것을 보면서 전쟁을 막고 평화를 이룰 수 있는 길을 고민하는 사람들이 생겼다. 극소수 사람들의 지극히 개인적인 시도에 불과했지만 이것은 생각의 급진적인 전환이었다. 그때까지 전쟁은 인간 사회에서 피할 수 없는 것, 나아가 국가 또는 집단 사이에서 자연스럽게 발생하는 것으로 여겨졌기 때문이다. 따라서 이들의 생각은 국가의 전쟁 수행 권한에 대한 중대한 문제 제기이자 사회 통념에 대한 도전이기도 했다.

평화에 관심을 가진 선도적인 연구자들이 보다 구체적으로 전쟁의 문제점을 지적하기 시작한 것은 제2차 세계대전 이후였다. 제1차 세계대전이 끝나고 전쟁의 상처를 완전히 회복하기도 전에 다시 세계대전을 겪었으니 그 현실의 처참함은 지금의 우리가 상상하기 힘들 정도였으리라. 제2차 세계대전은 인류 역사상 가장 광범위하고 피해가 컸던 전쟁이었다. 전세계 30여

개 나라가 전쟁에 참여했고 약 1억 명 이상이 전투에 참가했다. 1939~1945년 사이 진행된 제2차 세계대전의 사망자는 제1차 세계대전의 사망자보다 3배 이상 많은 약 5000~7000만 명이었다. 당시 세계 인구의 약 2~3퍼센트에 달했다. 특히 제2차 세계 대전 때는 군인보다 민간인 사망자가 훨씬 많았다. 전쟁이 불러온 기근과 질병에 의한 사망자가 2000만 명이 넘었다.

사실 상식적으로 생각해봐도 이런 전쟁을 겪으면서 평화를 떠올리지 않는 것이 이상한 일이다. 반전反戰과 평화를 외치는 행동가들이 늘어났을 뿐 아니라 평화에 대한 학문적 접근도 많아졌다. 가장 대표적인 연구 성과 중 하나가 1942년 출판된 퀸시 라이트Quincy Wright의 『전쟁 연구A Study of War』였다. 그가 15년 동안 동료들과 연구한 결과를 정리한 이 책은 전쟁의 개념, 역사, 원인, 사례에서부터 전쟁의 예방과 평화의 수립 및 유지까지 방대한 주제에 대한 학문적 해석 및 성찰을 담고 있다. 이 책의 궁극적인 목적은 사람들의 삶과 생존을 위협하는 전쟁을 예방하고 평화를 회복, 유지하는 방법을 찾는 것이었다.

평화 연구의 태동과 관련해 언급해야 할 또 하나의 중요한 내용이 있다. 그것은 1945년 4월 5일, 2038명의 미국 심리학자들이 연명해 발표한 "인간 본성과 평화Human Nature and The Peace"라는 성명서다. 이 성명서는 전쟁을 예방하고 평화를 이룰 방법에 대한 성찰을 담고 있다. 이 성명서는 지금의 세계 상황을 염두에 두고 봐도 뒤떨어지지 않은 평화에 대한 포괄적 성찰과 현실적 접근을 담고 있었다.

성명서는 첫머리에서 인간의 본성상 세계 어느 인종, 국가, 사회 집단도 전쟁을 원하지 않는다고 강조했다. 그리고 집단 사이의 증오와 대립 등 전쟁을 가져오는 문제를 극복할 방안과 교육, 약소집단 및 민족의 자기결정권 지원, 패전국에 대한 구호 복구 지원 등 안정을 위한 구체적인 방법을 제시했다.

이렇듯 평화에 대한 접근은 지극히 현실적인 문제에서 출발했다. 사람들이 정말 관심을 가졌던 것은 전쟁 그 자체였고 무엇보다 그로 인해 희생되는 사람들이었다. 자기 잘못이 아니라 권력자의 잘못된 판단으로 일어나는 전쟁과 그와 함께 발생하는 질병 및 굶주림에서 사람들을 구하는 것이 그들의 관심사였다. 전쟁이라는 극단적 사건이 사람들로 하여금 평화에 눈을 뜨게 만들었고, 사람들의 현실적 안전과 생존을 보장하는 포괄적 개념으로 평화를 생각하도록 자극했다.

잘 먹고 잘 사는 문제

전쟁에서 비롯된 평화에 대한 관심은 제2차 세계대전이 끝난 이후에도 지속됐다. 전쟁의 예방, 국가 사이 갈등의 예방 및 해결, 핵무기 개발 저지 등 개인보다는 국가 차원의 문제들이 평화를 실현하기 위한 주된 과제들이었다. 그러나 차츰 사람들은 일상의 삶을 위협하는 사회 문제를 다루지 않으면 전쟁이 없어도 평화롭게 살 수 없다는 사실을 깨닫기 시작했다. 미국의 시민권운동은 그 사실을 분명히 가르쳐주었다.

남북전쟁으로 미국에서 노예제도가 폐지됐지만 흑인들은 여전히 큰 차별 아래 살고 있었다. 특히 남부에서 심했는데, 짐 크로 법Jim Crow laws•으로 인해 흑인과 백인은 합법적으로 구분되었다. 흑인과 백인은 서로 다른 학교에 갔고, 흑인은 백인과 같은 버스를 탈 수 없었으며, 같은 식당에 가지 못했다. 심지어 화장실도 흑인용과 백인용이 나뉘어 있었다. 단지 나누어진 것만이 아니라 실제로도 흑인들이 더 열등한 대우를 받았다.

이렇게 남부의 백인들 사이에서는 흑인에 대한 인종차별이 지극히 자연적인 것으로 받아들여졌고, 심지어 눈에 거슬리는 흑인을 집단적으로 폭행하는 것조차 잘못이 아니라고 여겼다. 백인들은 흑인을 폭행해 죽이고 목매단 후 마치 행사를 치르듯이 모여 기념사진을 찍기도 했다.

이 시기 미국은 전쟁이 없는 나라였지만 평화로웠다고 할 수 있을까? 대부분의 백인들은 평화로웠겠지만 남부의 흑인들은 불안과 고통 속에 살았을 것이다. 차별과 폭력이 만연한 사회에서 평화를 누리기란 불가능하다. 전쟁이 없어도 사회 구조와 문화에서 비롯된 문제들 때문에 사람들은 여전히 고통스럽고 절망스런 삶을 산다. 이것은 평화가 전쟁은 물론 사람들이 일상에서 직면하는 문제까지 다뤄야 한다는 것을 의미했다. 그렇기 때문에 미국의 시민권운동은 물론 남아프리카공화국의 인

짐 크로 법
1876년에서 1965년까지 미국 남부의 주들에서 시행되었던 법률. 흑인과 백인의 분리를 골자로 하며, 남북전쟁 이후 노예제가 폐지된 이후 남부 지역에서 흑인에 대한 차별을 유지하기 위해 제정되었다. 1964년 시민권법과 1965년 투표권법 제정으로 완전히 폐지되었다.

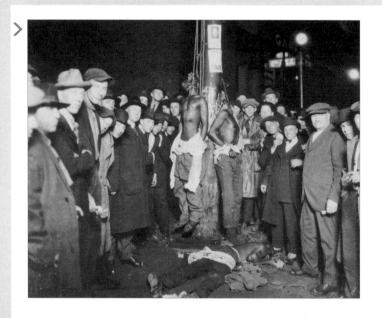

종차별정책인 아파르트헤이트 철폐를 위한 운동과 남미 국가들에서 독재정권에 맞서 일어난 자유를 위한 투쟁도 평화의 영역으로 볼 수 있는 것이다.

이런 새로운 각성을 계기로 1960년대부터 일상의 다양한 문제들을 평화의 시각에서 새롭게 바라보고 해석하기 시작했다.

일상의 문제를 평범한 말로 푼다면 아마 '잘 먹고 잘 사는 문제'가 될 것이다. 누구나 쉽게 꺼낼 수 있는 말이지만 현실에서는 그것이 말처럼 쉽지 않다. '잘 먹고 잘 사는 것'은 지극히 개인적인 일이지만 개인에게만 달려 있지 않다. 아무리 노력해도 잘 먹고 잘 살기 힘든 사회도 있기 때문이다. 피나게 노력해도 사회적 문제로 인해 불행한 삶을 살게 되는 사람은 결과적으로 희생되었다고 할 수 있다. 이런 희생이 전쟁으로 인해 발생하는 희생보다 가볍다고 절대 말할 수 없다. 전쟁으로 집을 잃고 굶주림에 시달리는 것과 돈이 없어 집에서 쫓겨나 굶주리는 것이 무엇이 다르겠는가? 평화가 일상의 문제에 관심을 가지게 된 이유가 바로 여기에 있다. 일상적인 생활에서도 희생을 줄여야 한다는 필요가 제기된 것이다.

시민권운동의 발단이 된 인종차별 문제를 보자. 당시 흑인들은 잘 먹고 잘 사는 문제에서 결정적인 한계에 직면하고 있었다. 아무리 먹고살 만하고 똑똑해도 인종분리 정책 때문에 좋은 학교에 갈 수도 없었고, 자신들의 목소리를 대변할 정치인에 투표도 할 수 없었으며, 심지어 원하는 식당에 갈 수도 없었다. 삶의 질을 높일 수 있는 가능성이 아예 닫혀 있던 것이다. 차별을 뛰어넘으려고 노력하는 이들이 백인들의 폭행으로 자유와 목숨을 잃는 일도 반복됐다. 그들에게는 전쟁이나 핵무기의 위협보다 당장 눈앞에 있는 사회의 폭력적 구조가 평화로운 삶을 가로막는 가장 큰 장애물이었다. 결국 차별받는 흑인들에게 평화는 국가 사이만이 아닌 개인의 일상에 영향을 미치는 문제였던 것이다.

일상의 문제를 다룬다는 것은 전쟁과 일상이라는 두 개의 큰 주제를 분리하거나 둘 중 하나를 선택해 다룬다는 것을 의미하지는 않는다. 어떤 주제를 더 중시해서 먼저 다룰 것이냐는 개

미국에서는 아직도 흑인이라는 이유로 증거도 없이 범죄자로 취급받는 일이 종종 발생한다. 한국에서도 외국인노동자를 잠재적 범죄자로 보는 차별적인 시선이 있다. 차별을 당하는 사람에게는 심각한 폭력이다. (ⓒ미디어카툰 조승현 작가)

인 또는 집단이 직면한 상황이 무엇이냐에 따라 결정된다. 다른 나라와 전쟁 상황에 있거나 또는 내전을 겪고 있는 상황에서 사람들에게 가장 큰 평화 현안은 전쟁을 끝내는 것이다. 물론 그런 상황에 직면한 사람들에게는 전쟁이 곧 일상이다. 반면 한국 사회처럼 적을 마주하고 있으면서도 전쟁이 없는 상황에서는 전쟁의 예방도 중요하지만 차별과 가난처럼 삶의 질을 낮추는 일상의 문제가 더 시급하게 다뤄야 할 평화 현안이 된다. 결국 평화는 어떤 상황에서든 '잘 먹고 잘 사는 문제'가 될 수밖에 없는 것이다. 이런 일상의 문제를 다루는 평화는 결코 추상적이 아니며, 문제를 추상적으로 다룬다면 평화를 성취할 수 없다.

공허한 구호가 아닌 현실적 목표

사람들이 평화를 추상적이라고 말하는 이유는 '평화'라는 말은 알지만 그 말의 진짜 의미는 잘 모르기 때문이다. 그러니 평화는 여전히 아리송하고 비현실적인 개념 그 이상도 이하도 아닌 수준에 머물러 있을 수밖에 없다. 하지만 '평화의 눈'으로 세상을 보려고 시도해보면 우리 사회의 많은 것이 평화의 문제임을 발견할 수 있다.

'평화의 눈으로 세상을 보는 것'이 어떤 것인지 잘 모르겠다고 생각할 수 있다. 그래서 그 방법을 말하자면, 그 첫번째 단계는 '희생'에 주목하는 것이다. 무고한 이의 피해와 희생을 줄이는 것, 그렇게 해서 모두가 원하는 대로 '잘 먹고 잘 살 수' 있게 하는 것이 평화의 과제이기 때문이다.

두번째 단계는 '관계'에 주목하는 것이다. 이것 또한 사람에 주목하는 것이지만 한 걸음 더 나아가 사람들 사이의 상호 작용과 그 질에 주목하는 것을 말한다. 평화가 관심을 두는 피해는 마른하늘의 날벼락이나 지진 같은 자연재해가 아니라, 사람들 사이의 관계에서 누군가가 상대방에게 폭력을 가함으로써 생기는 것이기 때문이다.

이러한 평화의 눈으로 봤을 때 일상의 사건이 어떻게 보이는지 사례를 들어 살펴보자. 카드회사에 다니는 A 씨는 회식 자리에서 옆에 앉은 부하 여직원 B 씨의 손을 주무르고 어깨에 얼굴을 기대는 등 불쾌한 행동을 했다. 평소 사무실에서는 B 씨를 비롯해 여직원들을 이름 대신 '가슴' '엉덩이' 등으로 부르는 황당한 행동을 했다. 여직원들의 제보로 이런 사실을 알게 된 회사는 사실을 확인하고 A 씨를 해고했다. A 씨는 해고가 부당하다며 소송을 제기했다. 1심에서는 A 씨가 일상적으로 접촉 가능한 부위를 만졌고 신체 부위를 별칭으로 부른 것도 악의가 없다며 해고 처분이 과하다는 판결이 내려졌다. 그렇지만 2심인 고등법원은 해고가 정당하다고 판결했다.

이렇게 판결이 갈린 이유는 피해를 바라보는 관점이 달랐기 때문이다. 1심 재판부는 해고 A 씨의 해고가 부당하다고 판단했다. 그러나 2심 재판부의 판단은 달랐다. A 씨가 해고를 당한 것은 사실이지만, 왜 그런 일이 벌어졌는지 따져보고 진짜 피해를 본 사람이 누구인지 주목했다. 그리곤 A 씨가 아니라 B 씨를 포함한 여직원들이 진짜 피해를 본 사람들이라고 결론지었다. 왜냐하면 이 여직원들은 파견업체 소속 계약직으로 불리한 처지에 있었으며, A 씨는 우월한 지위를 이용해 성희롱을 저지른 것이었기 때문이다. 평화의 눈으로 사건을 볼 때는 먼저 '피해'를 확인해야 한다. 그러나 A 씨가 당한 해고와 여직원들이 당한 성희롱 중 무엇이 진짜 폭력으로 인한 피해인지 가리기 위해서는 사건 뒤에 숨어 있는 관계에 주목해야 한다.

사람들 사이의 관계와 그 질에 주목해야만 우리는 희생의 원인과 해결 방법을 찾을 수 있다. 위의 사례가 보여주는 것처럼 희생이 생긴 이유는 A 씨와 여직원들과의 관계가 동등하지 않아서이다. A 씨가 성희롱적인 말이나 행동을 해도 피해자들이 그 앞에서 '싫다'고 말할 수 없었기 때문이다. 이런 일은 관계를 맺고 있는 사람들 중 한편이 다른 편보다 힘이나 영향력이 월등할 때 일어난다. 이런 관계의 형태와 질에 주목하지 않으면 희생의 원인을 파악할 수도, 바람직한 해결 방법을 찾을 수도 없다.

2심 재판부는 이런 관계를 파악하고서 여직원들이 진짜 피해자이고 A 씨는 가해자로 해고가 정당하다고 판단했다. 그러나 법원은 발생한 폭력에서 피해자와 가해자를 가릴 수는 있어도, 그 폭력을 만들어낸 관계를 바꾸지는 못한다. 위의 카드회사에서 다시는 그런 일이 일어나지 않으려면 직장 내에서 상하를 막론하고 모든 동료들 사이에 상호 배려와 존중의 관계가 만들어져야 한다. 또한 계약직 직원들에 대한 부당한 권력 행사가 없어져야 한다. 그런 근본적인 변화는 그곳에서 일하는 사람들 스스로가 만들어야 한다. 그리고 그런 변화는 희생과 관계에 주목해 일상에서 일어나는 사건을 다르게 보는 데서 시작된다. 그때 필요한 것이 바로 '평화의 눈'이다.

일상의 문제를 다루는 평화는 절대 추상적일 수 없고 공허한 구호가 될 수 없다. 일상의 문제에 주목하면 평화는 나른한 낭만적 주제나 차가운 정치적 선언이 아니라 사람을 중심에 둔 현실적 목표가 된다.

평화를 현실적 목표로 삼는 것은 물론 쉬운 일은 아니다. 그리고 문제를 이해하고 해결하는 것이 꼭 평화의 눈을 통해서만 가능한 것도 아니다. 그럼에도 평화를 강조하는 이유는 어떤 경우에도 평화는 희생을 외면하지 않고, 그런 희생을 야기한 관계의 문제에서 눈을 떼지 않기 때문이다. 어떤 일을 판단할 때 법은 증거와 판례를, 정치는 정치적 이해와 사회적 합의를, 그리고 관습은 구성원들 사이에 통용되는 습관과 행동을 기준으로 삼는다. 그런 기준들은 상황에 따라 변하며, 때로 다수의 이익이나 여론의 영향 또는 증거나 판례의 부족을 이유로 누군가의 희생에 눈 감기도 한다.

그러나 평화는 일상에서 희생당하는 사람들과 그들의 희생을 줄이는 데 관심이 있으며, 그것을 가장 중요한 과제로 다룬다. 일상의 모든 영역에서 폭력을 줄이고 희생당하는 사람이 없게 하는 것이 바로 평화다. 그러니 결국 평화는 공허한 구호가 아니라 역동적 삶의 현안이 될 수밖에 없다.

제3장

평화를 보는 눈

평화의 관심사는
관계와 공동체

둘 이상의 사람이 만나면 얕든 깊든 어떤 관계가 형성된다. 관계는 사람들 사이의 의사소통과 상호 대응에 지대한 영향을 미친다. 흔히 관계가 지속되는 시간과 관계의 질은 정비례한다고 여겨지지만 사실 그렇지도 않다. 오랫동안 관계가 이어져도 관계의 질은 나쁜 경우가 허다하다. 반대로 관계가 크게 깊지 않아도 그 질은 훨씬 더 오래된 다른 관계들이 무색할 만큼 좋은 경우도 있다. 그런데 사람들 사이의 관계는 평화의 질을 가늠하는 데서도 가장 중요한 잣대가 된다. 그 때문에 평화는 항상 관계를 관찰하고 관계에 초점을 맞춘다. 그렇다면 관계는 평화와 어떻게 논리적으로 연결되는 것일까?

몇 년 전 방영된 한 드라마 얘기를 해보자. 두 중학생 여자아이 A와 B가 있다. 둘은 어렸을 때부터 같이 자란 친구다. 같은 학교에 다니고 서로 전교 일등을 다툴 정도로 둘 다 공부를 잘

한다. 그렇지만 둘의 가정환경은 완전히 다르다. A의 아버지는 판사고 집도 부자다. 외가도 명문가다. B는 아버지가 없고 어머니만 있다. 어머니는 A의 집에서 가사도우미를 하고 있다. A는 거의 모든 것을 가진 것처럼 보이는데도 여전히 욕심이 많다. 특히 B가 가난해도 성격이 밝아 친구들 사이에 인기가 많은 것을 늘 시기한다. 어느 날 친구들과 생일 파티 중 폭죽을 가지고 놀다가 불꽃이 A의 눈에 들어가는 사고가 났다. 같이 놀던 다른 친구의 실수인 것이 분명한데도 A는 B가 일부러 자신에게 폭죽을 들이댔다고 부모에게 거짓말을 했다. B는 억울함을 호소했지만 소용없었다. 결국 B의 어머니는 A네 집 가사도우미 일을 그만둬야 했다.

A와 B는 알고 지낸 지 오래된 친구다. 그런데 둘의 관계는 여느 친구 사이처럼 동등하지 않다. 그 차이는 부모라는 배경에서 나온다. A의 부모는 명예와 부를 가졌고 B의 어머니는 가사도우미를 하면서 혼자 어렵게 B를 키우고 있다. A의 부모와 B의 부모 사이에는 현격한 힘의 차이가 존재한다. A는 그 힘의 차이를 간파하고 이를 악용해 B를 억압하고 자기 앞에 무릎을 꿇린 것이다.

A와 B의 관계는 오래되었다. 그러나 둘 사이 관계의 질은 결코 좋지 않다. A와 B 사이의 나쁜 관계는 결국 B에 대한 A의 폭력으로 이어졌다. 폭력은 힘의 차이가 있기 때문에 발생한다. 그렇지만 관계가 없는 사람들 사이에서는 힘의 차이가 영향을

끼치지는 않는다. 학교에서 담임교사와 학생 사이에는 분명한 힘의 차이가 존재하고 교사가 학생을 때리거나 차별하는 등 폭력을 휘두를 수 있지만, 옆 학교의 교사가 다른 학교 학생에게는 그런 폭력을 가할 수 없는 것처럼 말이다. A와 B도 서로 모르고 살았거나 B의 어머니가 A의 집 가사도우미가 아니었다면, 그런 폭력이 발생하지 않았을 것이다.

결국 폭력은 서로의 관계에서 힘의 차이를 악용할 때 발생한다고 하겠다. 그런 관계는 이른바 폭력적인 관계이다. 반대로 힘의 차이를 그저 당연한 사람 사이의 '다름'으로 인식하는 경우에는 폭력이 발생하는 것이 아니라 상호존중, 이해, 배려가 형성된다. 그 결과 관계의 질이 향상되고 평화로운 관계가 형성된다.

많은 사람들이 자기 혼자 편한 것을 평화라고 오해하기도 한다. 실제 한국 사회에서 평화가 대중화되는 과정에서 그런 접근이 유행하기도 했다. 시끄러운 세상을 등진 채 홀로 명상을 하고 한적한 곳을 찾아 자기 내면을 성찰하는 방법을 통해 평화를 찾으려는 시도들이 있었다. 비록 그렇게 마음이 편해지는 게 궁극적으로는 사람들과 좋은 관계를 형성하는 데 도움이 된다 할지라도 혼자만의 편안함을 평화라고 할 수는 없다. 그런 식의 편안함에는 결정적으로 사람들과의 관계, 다시 말해 다른 사람들과 함께 문제를 찾고 개선하려는 노력과 그들과의 합의가 들어 있지 않기 때문이다. 그것은 마치 어떤 사람과 심하게 싸우고 혼자 방안에 앉아 자기 나름대로의 성찰로 깨달음을 얻은 후 밖에 나와 '평화를 이뤘다'고 선언하는 것과 비슷하다. 상대는 여전히 화가 난 상태로 아무런 합의도 하지 않았는데 말이다.

이렇게 관계에 초점을 맞추는 평화의 특성을 '평화의 관계성'이라 부를 수 있다. 평화는 서로의 관계 속에서 상대와 함께 이뤄내는 것이지, 독백이나 일방적인 선언으로 성취될 수 있는 것이 아니다. 평화의 관계성을 생각해보면 평화가 깨진다는 것은 사람들의 관계에 폭력적인 요소가 끼어듦을 의미한다. 그리고 평화가 이뤄진다는 것은 반대로 관계 안에서 폭력적인 요소가 사라짐을 의미한다.

관계는 개인 사이에서만 형성되는 것은 아니다. 개인과 사회 및 제도 사이, 집단 사이, 국가 사이에도 관계가 형성된다. 이런 모든 관계에 폭력적 요소가 없다는 것은 우선 서로 생존과 신체의 안전을 위협하는 일이 없음을 의미한다. 나아가 구조의 허점을 이용하거나 악용해 상대를 희생시키고 이익을 취하는 일이 없으며, 상대적으로 약한 쪽에게 사상·철학·언어·관습 등을 강요하지도 않는 것을 말한다.

개인은 상대적으로 힘이 약해 사회에 희생되는 경우가 생기곤 한다. 흑인에 대한 백인의 차별이나 이주 노동자들에게 대한 일부 한국인들의 폭언과 폭행은 집단 사이 힘의 차이에서 발생하는 폭력의 예다. 국가 사이에 존재하는 군사력과 경제력 등의 차이는 꼭 전쟁이 아니더라도 부당한 압력과 강요 같은 폭력을 만든다.

관계, 없으면 만들어야지

평화가 관계에 초점을 맞춘다는 것은 관계와 관련해 두 가지를 다룬다는 것을 의미한다. 하나는 관계의 형성이고 다른 하나는 관계의 질이다. 관계의 형성은 관계가 없는 개인, 집단, 사회 사이에 관계를 만드는 것이다. 관계의 질은 관계 안에서 폭력적 요소가 얼마나 어떻게 힘을 발휘하는지를 살펴보고 관계의 질을 개선하기 위한 방법을 모색하는 것이다. 이 두 가지는 평화를 성취하는 데 있어 절대 외면할 수 없고 외면해서도 안 되는 것이다.

먼저 관계의 형성에 대해 이야기해보자. 관계가 없다는 것은 서로 공유하는 문제가 없다는 것을 의미할 수 있다. 그리고 이것은 인간 사회에서 자연스런 일이기도 하다. 미국의 대학생과 한국 대학생은 특별한 이유가 없는 한 관계가 없는 게 자연스럽듯 말이다. 그러나 공유하는 문제가 있음에도 관계가 없다는 것은 서로 무관심하다는 것, 나아가 서로 이해하지 못한다는 것을 의미한다. 이런 상황에서 관계의 부재는 치명적인 결과를 가져온다. 시간이 가면 갈수록 서로 오해만 쌓이고, 단순한 미움이 증오로 발전되며, 대화가 아닌 비난과 싸움에 주력하게 되

기 때문이다.

이스라엘 사람들과 팔레스타인 사람들의 경우가 그런 경우이다. 두 국가 사이에는 영토분쟁이라는 공통의 문제가 놓여 있지만, 막상 그곳의 사람들은 서로를 모른다. 그렇기 때문에 미사일 공격과 폭탄 테러로 서로를 죽여도 전혀 죄책감을 가지지 않는다. 2014년에 이스라엘 사람들이 팔레스타인의 가자지구에 미사일이 떨어져 화염이 솟구치는 장면을 보고 환호하는 모습이 담긴 사진이 공개돼 세상에 큰 충격을 주기도 했다. 그들은 팔레스타인 사람들을 단순히 적으로 생각하고 전쟁에서 적의 희생은 당연하다고 여겼다.

이스라엘과 팔레스타인 사람들은 서로에 대한 적대감이 너무 강해서 대부분 상대의 존재를 인정하지도 않고 이해하려고 하지도 않는다. 증오와 대립을 끝내고 어쨌든 같이 살아야 하는 큰 숙제가 있지만 양쪽 사람들은 서로 관계를 만드는 것 자체를 용납하지도 않고 그것이 가능하다고 생각하지도 않는다. 그렇지만 이런 극도로 열악한 상황에서도 관계를 만드는 일은 반드시 필요하다. 그렇지 않으면 서로를 알 수가 없고 평화를 얘기하는 것조차 불가능하기 때문이다.

2012년 6월, 이스라엘과 팔레스타인에서 온 16명의 10대 소녀들이 미국의 한 민간단체가 주관하는 여름 캠프에 초대됐다. 이들은 며칠을 함께 보내면서 서로의 삶을 공유하고, 이스라엘 사람 또는 팔레스타인 사람의 입장에서 다른 쪽을 어떻게 바라보는지 이야기를 나눴다. 특히 상대를 '적'으로 볼 수밖에 없는 이유와 그것이 자신은 물론 자신의 가족과 민족에게 어떤 의미인지도 이야기했다. 증오를 가지고 사는 것이 자신은 물론 가족과 전체 민족의 삶에 어떤 영향을 미치는지도 이야기했다. 그들은 또 이스라엘과 팔레스타인이 증오와 대결을 끝내고 평화로운 미래를 만들기 위해 무엇을 어떻게 해야 하는지 생각을 나눴다.

이 프로그램은 이스라엘과 팔레스타인의 지속적인 갈등과 싸움을 끝내기 위해서는 양쪽 사람들 사이에 관계를 만드는 일부터 시작해야 한다는 생각에서 계획된 것이었다. 관계가 생겨야 서로를 이해하고, 문제를 공유하고 고민하며, 미래를 위해 현재의 문제를 해결할 수 있기 때문이다.

관계가 없는 사람들, 특별히 적대적인 사람들 사이에서 관계를 만드는 것은 굉장히 어려운 일이다. 개인, 크고 작은 집단, 사회, 국가를 가릴 것 없이 모두 적대적인 상대와 관계를 맺는 일을 불편하게 생각한다. 보다 근본적으로 관계의 필요성을 인식하지 못하고 그 자체를 부인하기도 한다. 이스라엘과 팔레스타인 사람들의 경우에는 시시때때로 서로를 공격하는 상대이다 보니 그나마 있는 관계도 끊고 싶을 것이다. 그러니 굳이 관계를 만든다는 것은 쉽게 마음먹기 힘든 일이다. 그렇지만 상대가 엄연히 존재하고 심지어 자신을 공격하는데도 그 존재 자체를 부정하는 태도는 자신의 안전을 위해서도 현명한 대응이 아니다. 자신의 생명과 삶의 터전을 지키고 미래의 안전한 삶을 보장받기 위한 가장 좋은 방법은 상대의 존재를 인정하고 조금씩 알아가는 것이다. 그 첫 걸음이 바로 관계를 만드는 것이다. 관계가 형성되지 않고서는 평화에 대한 논의와 합의도 이뤄질 수 없다.

관계의 질, 폭력을 좌우한다

관계의 질을 개선하는 일은 관계의 형성만큼 중요하다. 개인·집단·사회 사이에 관계는 형성돼 있지만 그 관계가 서로에게 약이 아니라 오히려 독이 되는 경우를 심심찮게 볼 수 있다. 심지어 부모와 자식 간에도 서로를 돕고 의지하는 게 아니라 학대하고 착취하는 경우도 있듯이 말이다. 그런 관계는 크게 두 가지로 나눠볼 수 있다. 하나는 힘의 차이가 지나치게 강조되고 힘에 의해 유지되는 관계다. 이런 관계에서는 한쪽이 힘을 악용해 다른 쪽을 억압하고 희생시키는, 다시 말해 폭력을 가하는 일이 빈번하게 발생한다. 고부 관계, 상사와 부하 직원의 관계, 선배와 후배의 관계, 교사와 학생의 관계, 다수 민족과 소수 민족의 관계, 강대국과 약소국의 관계 등 그런 관계는 아주 흔하다.

다른 하나는 뿌리 깊은 불신과 편견을 숨기고 겉치레로 유지되는 관계다. 이런 관계에서는 묵은 적대감과 불신을 자극하는 사건이 발생할 때마다 서로 폭력을 가하고 희생자가 나온다. 특별히 힘의 균형이 유지될 때보다 힘의 균형이 깨질 때 폭력이 심해진다. 친구, 직장 동료, 종교 집단, 야당과 여당, 노동자와 경영자 사이에서 이렇게 아슬아슬한 줄타기가 계속되는 관계를 어렵지 않게 찾을 수 있다.

질이 나쁜 관계 안에는 폭력이 항상 잠재돼 있다. 잠재된 폭력은 언제든 기회가 주어지면 밖으로 표출된다. 단순한 폭언이나 폭행 같은 낮은 수준의 폭력일 수도 있지만 때로는 살인과 집단 학살 같은 대규모의 끔찍한 폭력을 낳기도 한다.

그 대표적인 사례가 1992년부터 1995년까지 일어난 보스니아-헤르체고비나 전쟁이다. 원래 보스니아-헤르체고비나에는 보스니아계, 크로아티아계, 세르비아계의 세 민족이 섞여서 살고 있었다. 이들은 서로 종교도 다르다. 크로아티계는 가톨릭, 보스니아계는 이슬람, 세르비아계는 세르비아 정교회 신앙이다. 이들 세 집단 사이에는 묵은 원한과 갈등이 있었지만, 겉으로는 별문제 없이 잘 살고 있었다. 그렇지만 보스니아-헤르체고비나가 속해 있던 유고슬라비아 연방*이 해체되는 과정에서 각 정치 집단들은 지지 세력을 모으기 위해 묵은 감정들을 들춰내고 사람들 사이에 적대감을 조장하기 시작했다. 결국 세 민족 집단이 각각 독립 공화국을 선포하고 전쟁을 개시했다. 상대방에 대한 대량 학살과 여성에 대한 조직적인 성폭력이 잇따랐다. 그전까지 이들은 비록 다른 민족이었지만 그 관계가 그렇게 나쁘지는 않았다. 그러나 정치적 이유로 관계가 급격히 나빠지면서 끔찍한 폭력으로 이어졌다.

이렇게 질이 나빠진 관계를 개선하는 일은 없는 관계를 만드는 것만큼 힘든 일이다. 관계가 단순히 한 번의 오해나 싸움으로 나빠진 것이 아니라 오랜 시간 불신과 편견이 쌓여서 점차 나빠지고 굳어진 것이기 때문이다. 이렇게 나빠진 관계가 개선

유고슬라비아 연방
1943년에서 1992년까지 유럽 남동부의 발칸반도에 있던 사회주의 국가. 정식 명칭은 유고슬라비아 사회주의 연방공화국이다.
1991년 연방을 구성하던 슬로베니아·크로아티아·마케도니아공화국·보스니아-헤르체고비나가 분리 독립하면서 해체되었다. 1992년 세르비아와 몬테네그로가 '신 유고 연방'을 결성했으나 2006년 몬테네그로가 독립하면서 해체되었다.

되려면 먼저 사람들의 마음과 태도가 바뀌어야 한다.

전쟁이 끝난 후 한 민간단체가 보스니아-헤르체고비나에서 마을 텃밭community garden 프로그램을 시작한 것도 그 때문이었다. 땅을 마련해서 전쟁 후 생계가 어려워진 사람들이 채소를 직접 길러 먹을 수 있게 하려는 프로그램이었는데, 이 프로그램의 목적은 사람들의 생계에 도움을 주는 것에만 있지 않았다. 또 다른 목적은 전쟁 때 서로 싸운 사람들이 함께 텃밭을 가꾸면서 신뢰를 쌓고 마침내 화해에 이르도록 만드는 것이었다. 그렇지만 이 프로그램을 진행하는 단체는 신뢰 회복과 화해에 대한 교육은 한 번도 실시하지 않았다. 그저 사람들이 와서 농사를 잘 짓고 농작물을 충분히 수확할 수 있도록 돕기만 했다.

그러자 놀라운 일이 일어났다. 처음에는 서로 말도 않고 각자 일만 하던 사람들이 시간이 지나면서 자연스럽게 모여 앉아 커피를 마시고, 농사에 대한 얘기를 나누며, 아이들을 데려와 같이 놀기 시작한 것이다. 전쟁 때 총을 들고 상대를 겨눴던 두 전직 군인은 함께 커피를 마시며 체스를 두는 사이가 됐다. 사람들은 자연스럽게 서로에 대해 알게 됐고, 편견을 조금씩 없애기 시작했으며, 삶의 경험을 공유하게 됐다. 불신과 편견을 조금씩 버리고, 그리고 전쟁 동안 만들어진 증오를 버리고 신뢰를 쌓아가기 시작했다. 질이 나쁜 관계가 좋은 관계로 변하기 시작한 것이다.

관계의 질이 개선되면 자연히 폭력은 줄어든다. 더 중요한 것은 미래의 폭력을 예방할 수 있다는 사실이다. 질이 나쁜 관계에서는 언제든 폭력이 발생할 여지가 있다. 보스니아-헤르체고비나의 세 민족 집단 사이의 관계는 전쟁 전에도 나빴지만 전쟁 후에는 더 악화됐을 것이다. 이는 꼭 전쟁이 아니더라도 주민들 사이에 크고 작은 폭력이 발생할 수 있다는 것을 의미한다. 그런 위험한 상황을 바꾸기 위해 마을 텃밭 프로그램은 다른 민족에 속한 사람들 사이의 관계를 개선시키는 데 초점을 맞췄고 성공을 거두었다. 적어도 그 마을에서는 비뚤어진 욕망을 가진 정치인들이 민족 사이의 묵은 감정을 악용하기 힘들 것이다. 설사 정치인들이 선동에 나선다 해도 주민들이 예전처럼 서로 총부리를 겨눌 가능성은 높지 않을 것이다.

공동체, 평화의 최종 목적지

평화의 궁극적인 목표는 평화로운 공존을 실현하는 것이다. 관계를 형성하고 관계의 질을 높이는 일은 평화로운 공존을 위한 전제조건이라고 할 수 있다. 평화로운 공존은 일단 둘 사이에서 시작되지만 그런 관계가 확산돼 종국에는 평화로운 공동체가 만들어진다. 그런 공동체는 가족일 수도 있고, 마을이나 직장일 수도 있으며, 더 크게는 도시나 지역, 대륙이나 세계일 수도 있다. 공동체는 구성원들의 다양한 관계로 이뤄진다. 때문에 평화로운 공동체가 되기 위해서는 그 안의 수많은 관계들이

평화로워야 하고 공동체가 그런 관계들을 수용할 수 있어야 한
다.

평화가 공동체에 초점을 맞추는 이유는 공동체가 변하지 않
으면 관계를 만들고 개선하는 구성원들의 노력이 허사가 될 수
도 있기 때문이다. 공동체와 그 안의 구성원들은 서로 영향을
주고받는다. 그래서 공동체가 제대로 작동하지 않으면 구성원
들의 삶이 어려워지고, 반대로 많은 구성원들의 삶에 문제가 있
으면 자연스럽게 공동체도 불안해진다. 평화 또는 폭력과 관련
해서도 마찬가지다. 많은 구성원들의 관계가 평화적 요소를 포
함하고 있으면 공동체의 평화가 이뤄질 가능성이 높아지고, 평
화로운 공동체에서는 구성원들의 관계도 평화로울 가능성이
높다. 이는 반대의 경우도 마찬가지다. 단순한 예로 부모가 싸
우면 가정의 환경이 폭력적으로 돼, 자녀들끼리도 싸우게 되고
부모와 자녀의 관계도 나빠지는 것과 비슷한 이치다. 그러므로
완전한 평화의 실현을 위해서는 구성원들 사이의 개별적 관계
를 넘어 공동체를 지향해야 하고, 공동체의 평화적 토대가 있어
야 구성원들 사이의 평화적 관계도 완전해질 수 있다.

평화가 공동체를 얘기하는 또 다른 이유는 평화의 지속성을
위해서다. 한 번의 노력 또는 사건으로 최소한의 평화적 조건
이 충족됐다면 그것을 지속시키고 평화의 수준을 높이는 일이
필요하다. 그러기 위해서는 구성원들 각자의 노력에 더해 공동
체 차원에서의 조직적인 노력과 지원이 있어야 한다. 보스니아-

헤르체고비나 사례를 보자. 내전은 평화조약으로 끝났다. 그렇지만 그것이 곧바로 사람들의 평화로운 삶을 보장하는 것은 아니었다. 전쟁의 피해와 생활고 때문에 다른 민족에 대한 미움과 원망은 전쟁 전보다 더 커졌을 것이다. 그런 상황에서는 마을이나 지방정부, 나아가 중앙정부 차원에서 사람들의 생활고를 해결하고 전쟁 피해를 복구하는 노력이 이뤄져야 한다. 그래야 사람들이 생계 고민을 벗어나 조금이나마 다른 사람들과의 관계를 생각해볼 여유를 가질 수 있다.

마을 텃밭 프로그램 같은 것은 해당 마을 사람들의 관계를 변화시킬 수 있고 다른 마을에도 영향을 줄 수 있다. 그러나 그것 역시 그 마을의 노력을 격려하고 지원하는 정부 차원의 노력이 없다면 지역으로 퍼져나가지 못하고 큰 변화에도 기여하지 못할 것이다. 그러므로 평화조약으로 성취된 최소한의 평화를 지속시키고, 나아가 평화의 토대를 튼튼히 다지기 위해서는 공동체를 지향하는 평화를 구상하고 공동체 차원의 노력을 기울일 수밖에 없다.

공동체를 지향하는 평화의 핵심은 참여다. 그리고 참여는 모든 구성원들의 참여를 의미한다. 여기서 중요한 것은 폭력 가해자의 참여도 배제해선 안 된다는 것이다. 그래야 하는 이유는 사실 간단하다. 폭력 가해자도 공동체의 구성원이기 때문이다. 어떤 이들은 가해자의 참여는 허용해선 안 된다고 생각할 수 있다. 그러나 가해자를 참여시키는 일은 실제로 일상에서 흔하

1993년 9월 13일 클린턴 미국 대통령의 중재로 이스라엘의 라빈 총리와 팔레스타인해방기구의 수장 아라파트가 만나 손을 잡았다. 평화는 만남과 관계의 개선에서부터 시작된다.

게 나타난다. 두 사람 사이에 폭력이 생기고 한쪽이 다른 쪽에 일방적으로 폭력을 행사한 것이 분명하다 해도 문제를 해결할 때는 두 사람 모두의 얘기를 듣기 마련이다. 가정폭력, 학교폭력, 직장 내 성희롱, 국가간 갈등 등 모든 사례에서 그렇다. 법정에서도 마찬가지다. 가해자에게도 자신의 이야기를 할 기회를 준다.

평화를 위한 과정에서는 보다 적극적으로 가해자의 참여가 이뤄진다. 가해자에게 자신을 변호할 최소한의 기회만 주는 것과 다르다. 오히려 가해자에게도 최선을 다해 공동체의 평화에 기여할 수 있는 기회를 준다. 물론 이런 기회를 줄 때는 중요한 전제조건이 있다. 바로 가해자가 자신의 잘못을 인정하고 사람들의 용서를 받아야 한다는 것이다. 그런 한편으로 피해를 입은 사람들과 공동체 구성원들은 당분간 또는 영원히 가해자의 죄를 묻지 않기로 결정해야 한다. 허약한 평화의 토대를 튼튼하게 만들 필요를 절실하게 느낄 때 공동체 구성원들은 이런 결정을 내릴 수 있다.

다시 보스니아-헤르체고비나의 마을 텃밭 프로그램을 보자. 이 프로그램은 참여를 제한하지 않았고 마을 사람들도 그것을 받아들였다. 좋든 싫든 한 마을에 사는 이웃임을 인정했던 것이다. 사실 전쟁 후 힘든 생활을 하던 사람들에게는 과거의 잘잘못을 따지는 것보다 생활 문제를 해결하는 것이 우선이었을지 모른다. 어쨌든 그들은 모두가 프로그램에 참여할 권리가 있다고 생각했고 어느 누구의 참여도 막지 않았다. 때문에 서로 총부리를 겨눴던 참전 군인들도 텃밭에 나와 함께 일을 할 수 있었다. 그들 또한 전쟁에서 누군가를 죽인 가해자였을 것이다. 그러나 마을 사람들의 동의와 배려로 마을 텃밭 프로그램에 참여했고 결국 다른 사람들과 함께 평화의 토대를 다지는 데 기여할 수 있었다. 사실 그들이 배제됐다면, 그리고 그들이 그에 대해 문제를 제기하거나 방해했다면 텃밭 프로그램은 잘 운영되지 않았을 수도 있다. 그랬다면 결국 관계 개선과 평화로운 공동체를 만들려는 프로그램의 목적은 달성되지 못했을 것이다. 그렇지만 마을 텃밭 프로그램에 참여한 이들은 서로 배척하지 않으며 이웃으로서 함께 살아가는 길을 택했다. 그랬기에 관계가 개선되고 새로운 공동체가 만들어진 것이다.

제4장

평화를 보는 눈

평화는 정의를
외면하는가

　　　　가해자의 참여와 관련하여 어떤 의
문이 떠오를 수 있다. 가해자를 그렇게 용서하고 받아들인다면,
'정의'는 어떻게 되느냐는 것이다. 평화를 만들기 위해서는 정의
를 잠시 외면해도 되는 걸까? 누군가가 저지른 폭력과 범죄를
평화의 관점에서는 어떻게 처리해야 할지 이야기해보자.

　　2001년 9월 11일, 사상 최대의 테러 사건이 일어났다. 바로
9·11 테러 사건이다. 알카에다 소속의 테러범들이 민간 비행기
를 납치해 뉴욕의 110층짜리 세계무역센터 쌍둥이 빌딩을 그대
로 들이받았다. 곧이어 다른 하나의 쌍둥이 빌딩에도 비행기가
충돌했다.(워싱턴 D. C.의 국방부 청사도 같은 공격을 받았다.) 화염
과 검은 연기가 한참동안 치솟다가 두 건물 모두 와르르 무너
졌다. 이 초유의 사태로 3000명 이상이 목숨을 잃었다. 그때의
상황은 아비규환 그 자체였다. 비행기가 건물에 충돌하고 무너
지는 충격적인 장면이 아직도 많은 사람들이 뇌리에 남아 있을

것이다. 시간이 흘러 충격은 조금 가라앉았지만 후유증은 여전하다. 그때 가족을 잃은 사람들의 심리 치료는 지금도 계속되고 있다. 이런 막대한 피해를 입힌 테러범들은 도대체 어떻게 처리해야 하는 것일까?

9·11 테러 직후 미국은 들끓었다. 미국의 중심이라 할 수 있는 뉴욕에서, 미국의 번영을 상징하는 건물이 무너지며 수많은 민간인이 희생되었으니 미국인들이 받은 충격은 엄청났을 것이다. 정부는 범인 색출에 온 힘을 쏟았고 정치권은 복수를 다짐했다. 곧 이슬람 테러집단인 알카에다가 범인으로 밝혀졌고 여론은 복수를 열렬히 지지했다. 정부·정치권·국민 모두 알카에다를 소탕하는 것이 정의를 이루는 일이라고 주장했다. 마침내 미국은 알카에다의 수장 오사마 빈 라덴*이 아프가니스탄에 숨어 있다며, 아프가니스탄을 침공해 기나긴 '테러와의 전쟁'을 시작했다.

자신들을 공격한 '적'을 찾아 응징하려는 미국의 이런 태도는 타당해 보이기도 한다. 잘못을 저질러 타인에게 피해를 준 자는 처벌하는 것이 정의 아니겠는가? 이런 생각으로 전쟁 열기가 들끓는 가운데 한편에서는 조심스런 목소리가 나오기 시작했다. 물론 소수의 의견이었고 결과적으로 결정에 영향을 주지는 못했지만, 이 소수 의견은 분노에 휩싸인 사람들이 놓친 부분을 지적하고 있었다.

그들의 첫번째 지적은 정의와 복수를 혼동하지 말아야 한다

오사마 빈 라덴
테러조직 알카에다의 창설자로, 본래는 사우디아라비아의 석유 재벌 집안 출신이다. 1980년대는 아프가니스탄을 침공한 소련에 대항해 이슬람 근본주의 세력의 중심 인물로 떠올랐으며, 1990년 미군의 걸프전 개입과 사우디아라비아 주둔을 계기로 반미 노선을 걷게 된다. 아프가니스탄에 본거지를 마련하고 세계 각지에서 테러 사건을 일으켰으며, 9·11 테러 이후에 미국은 10년 가까이 그를 추적한다. 결국 2011년 5월에 파키스탄에서 미군 특수부대에게 사살되었다.

는 것이었다. 세계 최강의 미국이 무력으로 아프가니스탄과 알카에다에 보복하는 것은 식은 죽 먹기처럼 쉽다. 그렇지만 정의는 무력을 동원해 이뤄질 수 있는 것이 아니다. 그들은 특히 그런 무력 사용이 알카에다가 저지른 것과 비슷한 불의를 저지르는 일임을 지적했다. 어떤 명분을 내세워도 아프가니스탄을 상대로 전쟁을 일으키게 되면, 무고한 아프가니스탄 사람들에게는 재앙이 될 수밖에 없다. 그들은 진정한 정의를 이루는 길은 알카에다 지도부를 잡아 법정에 세워 책임을 묻고, 테러단체를 비호한 아프가니스탄에는 외교적 조치를 취하는 것이라고 주장했다.

두번째로 한 지적은 모두의 정의를 위해서는 왜 그런 일이 일어났는지를 파악하고 향후 재발을 막기 위해 단기와 장기의 전략이 함께 필요하다는 것이었다. 알카에다는 미국이 주도하는 기독교 세계가 이슬람 세계를 공격하고 핍박한다며 불만을 품고 있었다. 테러의 근저에는 미국에 대한 뿌리 깊은 증오가 있었던 것이다. 물론 미국에 대한 증오가 테러 행위에 대한 핑계는 될 수 없다. 그러나 미국에 대한 증오가 왜 생겼는지, 왜 이슬람 세계는 기독교 세계를 적으로 생각하게 됐는지, 왜 알카에다 같은 급진 테러집단이 생기게 됐는지는 심각하게 고민해봐야 한다. 그들은 특히 그동안 미국이 세계 곳곳에서 불의한 일에 관여해온 것을 반성하고 바로잡아야 한다고 지적했다. 그것이 결국 미국 및 기독교 세계에 대한 이슬람 세계의 증오를 감

소시키고, 알카에다와 같은 급진 테러집단의 세력 확장을 막는 길이라는 것이다. 무엇보다 그래야만 모두를 위한 정의를 실현할 수 있다고 강조했다.

그러나 이와 같은 지적은 당시 대부분의 미국인들이 받아들일 수 없는 것이었다. 사람들은 오히려 분노했다. 그런 의견들이 지나치게 무모하고, 순진하며, 낭만적인 생각이라며 비난했다. 평화라는 허상의 뒤에 숨어 정의를 외면하는 비겁한 주장이라는 것이었다.

　그러나 이제 와 보면 이들의 주장이 옳았다. '정의의 실현'을 명분으로 아프간전쟁과 이라크전쟁이 시작됐지만 테러집단이 소탕되기는커녕 오히려 알카에다를 포함한 이슬람 테러집단들은 더욱 세를 확장했다. 두 전쟁으로 이슬람 세계와 무슬림들의 분노가 더 커졌기 때문이다. 미국은 전세계로부터 정의를 사칭해 침략을 저지른 나라로 비난을 받았다.

　미국 때문에 전쟁터로 내몰린 아프가니스탄과 이라크 사람들에게 미국의 행동은 불의이자 폭력 그 자체였다. 이라크는 공식적으로 전쟁이 끝난 뒤에 오히려 끊임없는 민족 갈등의 늪으로 빠져들어 지금도 혼란 상태다. 2001년 시작된 아프간전쟁은 2015년 현재도 진행중이고 아프간 정부와 미국에 맞서 싸우는 이슬람 무장 세력들은 여전히 세를 과시하고 있다. 미국의 행위는 세계 다른 나라 사람들에게도 큰 해를 끼쳤다. 이슬람 세계와 비이슬람 세계의 단절과 대립은 더 심해졌고 그 여파로 세계는 더 위험해졌다. 미국에 분노한 테러범들이 세계 곳곳에서 테러를 저질렀고 이제 전세계가 테러의 위험을 안고 살고 있다. 새로운 급진 이슬람 테러집단들도 등장해 세계 곳곳에서 민간인들을 위협하고 있다. 그것을 모두 미국의 탓이라고 할 수는 없지만 9·11 테러 이후 미국의 대응이 상당부분 영향을 미친 것이 사실이다.

누구의 정의인가?

9·11 이후 미국은 '정의의 실현'을 내세웠다. 하지만 미국이 말한 정의는 무엇인가? 미국이 정의를 내세우며 한 행동들은 정말로 정의로웠나? 즉, 누구든 정의를 말하면 그것은 정말 정의가 될 수 있는가? 이 점은 평화가 정의를 얘기할 때 가장 관심을 가지는 것이다.

역사상 초유의 대규모 테러 공격을 당한 미국은 당연히 정의의 실현을 주장할 수 있다. 그러나 미국이 말한 정의는 '미국만의 정의' 혹은 '강자의 정의'였다. 사실 정의는 현실에서 힘에 의해 왜곡되기가 쉽다. 권력을 가진 사람이 불의를 정의로 포장하고 강요하는 일도 많다. 불의를 저지른 사람이 돈과 권력을 이용해 법망을 교묘히 피해서 무죄 판결을 받기도 한다. 즉 힘을 가진 이들은 자신을 정의로 포장하기 쉽다는 것이다.

그렇다면 평화가 얘기하는 정의는 무엇일까? 평화는 어떤 정의를 왜곡되지 않은 '진짜 정의'라고 얘기할까? 그것은 한마디로 '약자의 정의'다. 이것은 곧 '희생자의 정의'를 말한다. '강자의 정의'가 힘의 차이를 이용해 정의를 왜곡한다면 '약자의 정의'는 힘의 차이를 해체하고 관계를 재설정함으로써 정의를 실현하는 것을 말한다. 약자의 정의는 말 그대로 약자에 초점을 맞춘다. 때문에 약자와 강자 사이의 관계를 자연스러운 것으로 보지 않고 그 관계 자체에 문제를 제기한다. 평화가 말하는 정의는 단순히 피해와 가해 여부를 가리는 데 그치지 않는다. 그보다 어떤 일이 일어났으며, 누가 어떻게 피해를 입었고, 그 일이 일어난 근본적인 원인이 무엇인지 밝히는 과정에 더 초점을 맞춘다.

그렇다면 위에서 언급한 9·11 테러 사건과 미국의 경우는 어떻게 해석할 수 있을까? 미국을 희생자로 볼 수 있을까? 그렇다면 미국은 약자일까? 솔직히 이는 답하기 간단치 않은 문제다. 수많은 미국인이 억울하게 죽었으니 미국은 희생자임이 분명하지만 약자는 아닌 것 같기 때문이다. 그렇다면 어떻게 정의를 적용해야 할까? 일어난 일에만 초점을 맞춘다면 미국은 희생자다. 그렇지만 정의를 밝히는 과정에 초점을 맞춘다면 미국을 희생자로 얘기하기는 힘들다.

미국에 테러라는 폭력을 행사한 가해자의 이야기도 한번 들어보자. 그들은 왜 미국을 공격한 것일까? 알카에다의 오사마 빈 라덴은 "미국에 보내는 편지Letter to America"에서 왜 미국에 반대하고 무엇을 원하는지 자세히 설명했다. 편지는 제일 먼저 미국을 포함한 서방국가의 부당한 결정으로 이스라엘이 건국되고 그에 따라 팔레스타인 사람들이 수십 년 동안 겪고 있는 고통을 언급했다. 또 미국이 이라크·소말리아·아프가니스탄 등 이슬람 국가들을 공격하고 그에 따라 이슬람 공동체들이 피해를 입었다고 말했다. 그리고 미국이 문화·관광·무역·외교정책 등을 통해 부당하게 힘을 행사하고 다른 국가들을 억압하고 있기 때문에 자신들은 미국을 파멸시킬 때까지 싸우겠다고 선언했다.

물론 테러로 무고한 수천 명의 사람들을 희생시킨 알카에다가 마치 정의의 사도처럼 행세하며 자신의 행위를 정의로 포장하는 건 어불성설이다. 또한 민간인을 대상으로 한 테러 행위는 절대 정당화될 수 없다. 그렇지만 그들이 언급한 미국의 부당한 행위들은 귀담아들을 가치가 충분히 있다. 중동이나 남미의 국가들은 미국의 잘못된 개입으로 실제로 많은 억압을 당했으며, 국제사회에서도 미국의 그런 패권적 행동을 비판한다. 9·11 사건만 본다면 미국을 희생자로 볼 수 있지만 그 이전의 상황에서는 미국이 오히려 가해자였다. 9·11 테러가 일어나기까지의 과정을 살피고 그 근본원인이 무엇인지를 본다면 미국은 자신이 당한 피해만을 가지고 정의를 주장해서는 안 된다. 진정한 정의는 미국에 편향되어서는 안 되며, 그동안 희생당한 많은 약자들의 편에서 이뤄져야 한다.

정의를 위한 평화적 과정

그렇다면 미국을 위한 정의는 없단 말인가? 수천 명의 무고한 사람들이 목숨을 잃었고, 세계적 도시인 뉴욕은 거의 쑥대밭이 됐고, 수도인 워싱턴 D. C.도 공격받았으며, 무엇보다 전 국민이 극심한 정신적 충격을 받았는데도 미국은 희생자가 아니란 말인가? 물론 미국은 9·11 테러 사건에 대해서는 명백한 희생자다. 그러나 그와 관련된 정의는 일어난 사건에만 초점을 맞추는 것이 아니라 그 사건의 역사적 배경과 희생자의 과거 역할도 고려해 이뤄져야 한다는 것이다. 그러므로 정의의 실현은 현재와 과거를 같이 아우르는 것이 될 수밖에 없다. 그리고 정의 실현의 궁극적 목표는 미래의 관계를 새롭게 규정하는 것이 되어야 한다.

일본의 전쟁범죄와 원자폭탄 피해는 미국의 사례를 더 잘 이해할 수 있게 해주는 좋은 사례다. 일본은 제2차 세계대전 동안 아시아에서 수많은 반인륜적인 전쟁범죄를 저질렀다. 작가 아이리스 장은 『역사는 힘있는 자가 쓰는가』에서 중국의 도시 난징을 점령한 일본군이 저지른 끔찍한 학살을 다음과 같이 고발하고 있다.

일본 군인들은 사람을 태워 죽이는 것을 게임으로 여겼다. 그중 하나는 건물 맨 위층이나 지붕 위로 중국인들을 몰아 가둔 다음 계단을 막아버린 후 아래층부터 불을 지르는 것이다. 많은 사람들이 불길을 피하기 위해 옥상이나 지붕에서 떨어져 내리는 편을 선택했다. 또 다른 살인 게임은 포로들에게 휘발유를 잔뜩 부은 후 총을 쏘아서 이들이 불꽃이 되거나 폭사하는 것을 지켜보는 것이었다. 이와 관련해 가장 악명 높은 사건은 일본군이 수백 명의 남성과 여성, 아이들을 광장에 몰아넣고 이들에게 휘발유를 흠

뿌린 후 기관총을 난사한 경우다.

이런 일본의 만행은 미국의 원자폭탄 공격으로 끝이 났다. 미국은 1945년 8월 6일과 9일, 히로시마와 나가사키에 각각 원자폭탄을 투하했다. 도시는 불바다가 됐고 최종 집계된 사망자 수는 13만5000명이 넘었다. 부상자 수 또한 사망자 수와 비슷했고 피폭자들의 피해는 세대를 이어가며 지금도 계속되고 있다. 사상자는 거의 민간인들이었다. 결국 며칠 후 일본은 항복했다. 그런데 원자폭탄 투하는 하루아침에 전쟁범죄 가해자였던 일본을 전쟁범죄 피해자로 바꿔놓았다. 일본은 이후 국제사회에서 원자폭탄으로 입은 피해를 들어 일본이 제2차 세계대전의 희생자라고 주장했다.

물론 원자폭탄 피해만을 놓고 보면 일본은 분명 희생자다. 그러나 그것이 원자폭탄 투하 전날까지 일본이 저지른 전쟁범죄를 모두 없던 것으로 만들어주지는 않는다. 원자폭탄의 희생자로서 일본은 정의 실현을 주장할 수 있지만, 진정한 정의가 이뤄지려면 일본이 저지른 전쟁범죄에 희생된 사람들의 정의도 동시에 실현돼야 한다.

미국과 일본의 사례는 정의가 과거의 가해를 외면하고 현재의 희생에만 초점을 맞춰 왜곡될 수 있음을 보여준다. 정의가 현재와 과거를 모두 다루는 이유는 이런 왜곡을 피하기 위해서다. 특히 미국과 일본의 사례처럼 현재와 과거의 희생이 일치

원자폭탄 투하로 폐허가 된 히로시마(위)와 난징대학살의 참상들(아래). 진정한 정의는 일본이 당한 피해와 일본이 저지른 가해를 모두 고려하고 함께 처리할 때 이루어진다. 한쪽만의 정의를 주장하는 것은 눈먼 정의이다.

하지 않는 경우에 정의를 실현하는 것은 더 신중하게 접근해야 할 과제일 수밖에 없다.

저명한 평화학자인 존 폴 레더라크John Paul Lederach의 제안은 이에 대한 답을 구하는 데 큰 도움을 준다. 그는 9·11 테러 사건

이후 정의를 실현하기 위해서는 두 가지 길을 동시에 추구해야 한다고 말했다. 하나는 미국의 희생을 야기한 테러 범죄에 대한 책임을 묻는 것이며, 다른 하나는 그런 일이 다시는 발생하지 않도록 테러범들이 언급한 문제들에 적극적으로 대응하는 것이다. 이것은 과거의 가해에 대한 미국의 반성이 있어야 하고 동시에 재발을 막기 위해 새로운 방식으로 접근해야 함을 의미한다. 물론 미국 정부는 이렇게 완전한 정의를 실현하기보다, 자신이 입은 희생만을 강조하면서 테러세력을 소탕한다는 명분으로 아프간전쟁과 이라크전쟁을 일으켰다. 그럼에도 왜곡되지 않은 정의의 실현을 끊임없이 강조하고 민간 차원에서라도 노력을 지속하는 것은 필요하다.

사실 9·11 테러 사건 직후부터 미국에서는 민간 차원에서 꾸준히 과거 미국의 잘못과 관련해 지적과 논의가 계속되고 있고 많은 노력들이 행동으로 옮겨지기도 했다. 일본의 전쟁범죄 문제도 일본 시민들이 중심이 되어 진정한 정의를 실현하도록 노력해왔다. 미국과 일본의 사례는 과거 가해에 대한 정의가 실현되지 않는 한 그 후 희생에 대한 정의도 제대로 다뤄질 수 없음을 분명하게 보여준다.

현재와 과거를 동시에 다루며 정의를 실현하는 과정이 쉽지 않지만 그럼에도 불구하고 평화는 이런 과정에 더 초점을 맞춘다. 과정이 곧 결과를 좌우하기 때문이다. 자칫하면 과거를 너무 강조해 현재의 희생을 외면할 수도 있고, 현재의 희생이 너무 선명해서 희미한 과거가 묻혀버릴 수도 있다. 과거든 현재든 하나를 놓치는 것은 곧 어느 한쪽의 희생자를 외면하는 일이다. 미국의 국제정치와 외교적 결정으로 희생된 수많은 사람들, 9·11 테러 사건으로 목숨을 잃거나 가족 및 친구를 잃은 사람들, 전쟁 범죄로 목숨을 잃거나 치유할 수 없는 상처를 입은 사람들, 그리고 원자폭탄 투하로 모든 것을 잃은 사람들은 평화의 입장에서는 모두 절대 외면할 수 없는 희생자들이다. 희생자는 단순한 단어가 아니라 바로 이 '사람들'을 의미한다.

과거와 현재를 동시에 다루는 정의는 평화로운 과정을 통해 이뤄질 수 있다. 이것은 누구도 억압하거나 배제하지 않고, 누구에게도 강제적 수단을 적용하지 않는 것을 의미한다. 또 단순히 희생자의 목소리만 듣고 가해자의 목소리를 무시하지 않는다. 가해자를 비난하고 처벌하는 데 초점을 맞추는 것이 아니라 스스로 잘못을 알고 인정하도록 하고, 희생의 치유에서도 배상이 아니라 몸과 마음의 상처를 보듬고 가해자에 대한 요구를 표현할 수 있게 만드는 데 초점을 맞춘다. 이것은 9·11 테러의 희생자와 미국 정부의 목소리를 듣고, 동시에 미국의 이기적인 국제정치와 외교 정책으로 세계 곳곳에서 희생된 이들의 목소리도 듣는 것을 말한다. 일본의 원자폭탄 피해자들의 목소리를 듣고, 위안부 할머니나 강제징용자처럼 일본의 전쟁범죄로 희생된 사람들의 목소리도 듣는 것을 말한다. 이런 과정을 통해 자연스럽게 모두의 피해가 인정받을 수 있고, 동시에 피해자가 원하는 가해자의 속죄와 배상이 이뤄질 수 있다. 그런 뒤에 자연스럽게 미래의 새로운 관계도 모색될 수 있다.

미국의 한 평화학 대학원은 정의의 실현을 위한 평화적 과정을 행동으로 옮기기 위해 한 단체를 설립했다. 그 단체는 적극적으로 미국의 정치인들과 군인들에게 9·11 테러 사건의 근본 원인을 알리고 정책을 바꿔 재발을 막으라고 촉구하고 있다. 또한 아프가니스탄과 이라크 사람들을 데려와 미국의 비뚤어진 정의가 사람들에게 어떤 피해를 주고 있는지 알리며, 그것이 결과적으로 미국의 안전을 다시 위협하고 있는 상황도 설명한다. 그러면서 아프가니스탄과 이라크에서 온 사람들은 자연스럽게 9·11 테러로 인해 미국이 입은 피해와 정신적 충격에 대해서 들을 수 있다. 결국 그들은 상대방의 희생을 이해해야 되며, 자신들의 안전이 상호의존적인 관계에 있음을 알게 된다. 물론 이런 노력은 일부에 지나지 않고 아직 가야 할 길이 멀다. 그렇지만 세계 곳곳에서 진행되는 이런 시도들은 완전한 정의의 실현을 조금씩 앞당길 것이다.

평화, 정의와 동행하다

평화와 정의의 관계는 어떻게 이해할 수 있을까? 정의는 평화를 성취하는 데 보조 역할을 하는 것일까, 아니면 절대적으로 필요한 것일까? 평화의 시각에서 정의를 얘기할 때 자연스럽게

들 수 있는 생각이다. 한마디로 말한다면 정의와 평화는 반드시 함께해야 한다. 정의가 없다면 평화는 그 의미를 상실할 수 있다. 정의가 강자에게 악용·왜곡될 수 있듯이 평화도 그럴 수 있는데 그것을 막아주는 것이 바로 정의이기 때문이다.

힘을 가진 누군가가 힘이 약한 상대를 억압해 문제 제기와 저항을 억지로 잠재우고 '평화가 이뤄졌다'고 말할 수도 있다. 그것은 곧 강자, 또는 가해자의 평화다. 그러므로 평화에서도 '누구의 평화인가?'라는 질문이 중요하다. 피해를 입은 사람이 문제를 제기했을 때 평화를 깨뜨린다며 묵살하는 것은 진정한 평화가 아니다. 약자인 희생자까지 이의를 제기하지 않고 인정할 수 있어야 진정한 평화가 이뤄진다.

이런 평화는 정의와 함께 이뤄지는 평화고, 모든 희생자의 정의가 실현되는 평화다. 때로 '정의로운 평화just peace' 또는 '정의와 평화justice & peace' 등의 표현이 쓰이는 경우가 있다. 사실 평화는 그 자체에 이미 정의를 포함하고 있다. 평화는 곧 폭력의 부재를 의미하고, 폭력은 불의한 방식으로 누군가를 억압하고 자유를 빼앗는 것이니 말이다. 그럼에도 굳이 정의라는 수식어를 넣는 것은 이미 말한 것처럼 평화가 왜곡되는 일들이 생각보다 자주 발생하기 때문이다. 그런 왜곡의 가능성을 경계하며 평화가 반드시 정의를 동반해야 함을 강조하는 것이다.

정의와 평화의 동행을 얘기하면서 무엇이 먼저인지 논쟁하는 것은 의미가 없다. 정의가 먼저일 수도, 평화가 먼저일 수도 있기 때문이다. 단지 상황과 그 상황에 직면한 사람들의 결정에 따라 우선순위가 달라질 뿐이다. 수많은 생명이 죽어가는 전쟁이 계속되고 있다면 시급하게 필요한 것은 휴전이다. 양쪽이 평화를 약속하고 평화조약을 맺어야 한다. 전쟁범죄를 다루고, 가해자를 찾아내며, 대가를 치르게 하는 정의의 실현은 당연히 그 후에 진행될 수밖에 없다. 이 경우 최소한의 평화가 이뤄지고 난 후 정의가 실현된다. 그렇지만 앞에서 언급한 미국이나 일본의 사례처럼 정의가 먼저 이뤄져야 하는 상황도 있다. 그런 상황에서는 정의가 평화의 전제조건이 된다. 이때 이뤄지는 정의의 질과 수준은 곧 향후 평화를 위한 사람들의 협력을 좌우하고, 종국에 달성될 평화의 질과 수준에도 영향을 미친다. 그러므로 절대 포기해서도 안 되고 적당히 타협해서도 안 된다. 정의가 이뤄지지 않은 채 평화가 강요된다면 그렇게 이뤄진 표면적인 평화조차 언젠가는 깨지게 된다.

정의를 동반한 평화의 실현에는 모두가 자신의 이야기를 하고 다른 사람의 얘기를 듣는 과정이 반드시 필요하다. 많은 사람들이 이런 과정에 의문을 제기하곤 한다. 왜 가해자의 이야기까지 들어야 하냐는 것이다. 죄지은 가해자는 당연히 피해자와 집단의 결정을 따라야지 가해자에게 이야기할 기회를 주는 것 자체가 오히려 정의의 정신에 맞지 않는다는 이야기다. 그러나 가해자의 이야기를 듣는 것은 변명의 기회를 주기 위해서가 아니다. 가해의 근본원인을 알기 위한 것이고, 그보다 더 큰 목적

은 가해자를 피해자와 대면시켜서 자신의 잘못을 인정할 수 있
는 기회를 주기 위해서다. 나아가 자신의 잘못된 과거를 바로
잡기 위해 노력할 기회를 주는 것이다. 피해자와 가해자를 포함
한 공동체의 미래를 위해 가장 바람직한 방법이기 때문이다. 그
것이 바로 평화가 적극적으로 정의를 실현하고, 궁극적으로 평
화롭게 함께 살아가는 사회를 만드는 방식이다.

제5장

평화를 보는 눈

———

국가가 폭력의
가해자라고?

2009년 1월 19일 새벽, 서울 용산
구의 한 건물에서 불길이 솟았다. 그 건물에는 용산 재개발 사
업으로 인한 철거에 반대하는 세입자를 비롯해 30여 명이 옥상
에서 농성을 벌이고 있었다. 농성이 길어지면서 예정된 철거가
진행되지 않자, 경찰은 경찰특공대를 투입해 강제 해산을 시도
했다. 농성자들은 격렬히 저항했고 그 충돌 과정에서 불이 일어
났다. 불길이 커지면서, 농성자들과 경찰이 다툼을 벌이고 있던
옥상의 망루를 덮쳤다.

경찰의 작전이 종료되고 불도 다 꺼진 오전, 경찰은 5명(농성
자 4명, 경찰특공대 대원 1명)의 시신을 발견했다. 부상자도 23명
이었다. 경찰이라는 국가권력의 힘이 국민을 죽음으로까지 몰
고 간 충격적인 사건이었다. 유가족과 시민사회단체는 이것을
국가폭력이라고 규정하며 비난했다.

2013년 말에 개봉해 '대박'을 친 영화 〈변호인〉은 과거에 실

제로 있었던 대표적인 국가폭력 사례를 다루고 있다. 영화의 소재는 1981년 발생한 '부림사건'이다. 이 사건은 경찰 공안부가 부산 대학가 주변에서 사회과학 공부를 하던 학생, 교사, 회사원 등 22명을 영장 없이 체포하면서 시작됐다. 경찰은 이들을 짧게는 20일에서 길게는 63일까지 감금하고 몽둥이 폭행과 각종 고문을 가했다. 북한을 찬양하고 국가를 전복할 목적을 가지고 활동했다고 자백하라는 것이었다. 고문에 못 이겨 거짓 자백한 사람들이 법정에서 고문 사실을 폭로했지만 결국 19명이 기소돼 국가보안법·계엄법·집시법 위반으로 1년에서 7년형을 선고받았다.

위의 두 사건은 시민의 안전과 편의를 위한 경찰력의 사용이 도리어 폭력이 된 경우라 할 수 있다. 경찰은 본래 국민들의 안전과 편의, 범죄의 예방과 범죄자 체포를 위해 물리적 힘을 사용할 수 있는 권한을 부여받았다. 그렇다면 경찰의 폭력은 공공의 이익, 다시 말해 국가 및 사회의 모든 구성원들을 위해서만 제한적으로 사용되어야 할 것이다. 저항하는 범죄자를 잡거나 할 때처럼 말이다. 그렇지만 국가를 운영하는 정부가 잘못된 명령을 내리거나 경찰이 잘못된 판단을 할 때 경찰은 국민에게 부당한 폭력을 행사할 수 있다.

부림사건은 국민을 보호하기 위해 부여된 경찰의 힘이 독재 정부에 의해 악용될 수 있음을 보여주는 전형적인 사례다. 부림사건에서 경찰은 아주 기본적인 의무조차 악의적인 독재 정부

에 봉사하기 위해 쓰레기통에 버려버렸다. 용산참사는 독재 정부가 아닌 민주주의 정부에서 재개발 사업을 원활히 진행해서 많은 사람들의 불편을 해소하겠다고 한 일이지만, 결국 일부 사람들의 편의를 위해 다른 사람들에게 폭력을 행사한 셈이 됐다.

우리는 국가가 있어야 사람들이 안전하게 살 수 있다고 생각한다. 국민들을 각종 위험에서 보호하는 존재, 그것이 우리가 생각하는 국가이며 분명 국가는 그런 역할을 해야 한다. 그러나 현실에서는 국가가 오히려 국민에게 폭력을 행사하는 경우를 많이 볼 수 있다. 이는 아주 모순적인 일이지만 어떤 민주주의 국가에서도 일어날 수 있는 일이고, 실제로 우리나라에서도 심심찮게 일어나고 있는 일이다. 이렇게 국가가 국민에게 폭력을 행사하는 것을 흔히 '국가폭력'이라고 부른다. 여러 국가폭력 사례들은 국가가 국민에게 수호천사가 되어주는 게 아니라 무시무시한 폭력의 가해자가 될 수 있다는 사실을 똑똑히 보여준다.

평화롭게 살 권리, 평화적 생존권

어째서 국가가 본연의 역할을 팽개치고 국민에게 폭력을 행사하는 것일까? 국가에는 경찰과 군대 등 강력한 물리력이 갖춰져 있다. 그리고 이 국가는 결국 소수의 집단으로 이루어진 정부가 통치한다. 따라서 정부가 어떤 태도를 취하느냐에 따라 국가의 힘은 언제든 국민을 향할 수 있다.

우리나라가 민주주의 국가이며 아무리 대한민국 헌법 첫머리에 "대한민국의 주권은 국민에게 있고 모든 권력은 국민으로부터 나온다"고 써 있어도, 우리가 스스로 통치하는 건 아니다. 우리는 선거를 통해 권력자를 선출하여 권력을 위임하고 통치를 맡긴다. 그런데 그렇게 선출된 이들이 언제나 공익을 추구하며 국가의 공권력을 적절하게 쓰는 것은 아니다. 기업들의 이익을 위해 파업에 나선 노조를 폭력적으로 해산하는 데 경찰을 동원할 수도 있고 정부 정책에 반대하는 시위대를 무력 진압하기도 한다. 혹은 부림사건의 경우처럼 정권이 장기집권을 위해서 반대하는 시민들을 납치·고문하는 경우도 있다. 이렇게 다스리는 정부와 국민이 완전히 일치되지 않기에 국가폭력의 가능성은 언제나 존재한다.

가장 심한 국가폭력은 아마 전쟁을 통해 발생할 것이다. 전쟁은 국가만이 시작할 수 있고 국가의 결정에 따라 국민들의 생명이 위협받게 된다. 이것은 국민의 입장에서 해석하면 자신의 의지와 상관없이 타인의 결정 때문에 전쟁에 휘말릴 수 있음을 의미한다. 사실 어떤 전쟁도 국가의 최고 통치지가 전체 국민의 의사를 물어 결정하는 경우는 없다. 그나마 있는 절차가 의회 또는 국회의 결의를 거치는 것이다. 그렇지만 극한의 폭력이 발생하는 전쟁에 나가 직접 싸우거나 그 피해를 입는 것은 거의 다 국민들이다.

전쟁 가능성은 국민들의 '평화적 생존권'을 위협한다. 평화적 생존권이란 생존을 위협하는 전쟁의 위험에 노출되지 않을 권리를 말한다. 다시 말해 전쟁의 위험 없이 살 수 있는 권리다. 만약 어떤 사람이 전쟁에 노출되지 않을 가능성이 100퍼센트라면 그 사람의 평화적 생존권은 완벽하게 보장된다. 하지만 전쟁의 가능성이 조금이라도 있다면 그 크기에 따라 평화적 생존권이 위협받는 정도도 커진다.

2007년에 우리나라 정부와 해군은 제주도 남쪽 해안의 강정 포구에 해군기지를 건설하기로 결정했다. 포구에 접해 있는 강정마을에서는 해군기지에 반대하는 주민들과 다양한 시민단체들이 모여 함께 해군의 공사를 저지했다. 이들은 해군 기지 건설로 마을의 자연 및 생활환경이 파괴되는 것도 우려했지만, 그보다 염려한 것은 해군기지 때문에 미래에 마을이 전쟁이나 무력 충돌의 현장이 될 수도 있다는 것이었다. 지나친 염려라고 할 수 있지만 대규모 군항이 설치되고 군함이 정박한다면 군사작전이 벌어질 가능성이 아예 없다고 말할 수 없다. 또한 동북

아시아 안보를 연구하는 사람들은 강정마을의 해군기지가 미군의 기항지로 이용될 가능성이 높으며, 그럴 경우 해군기지를 중심으로 미국과 중국 사이에 군사적 긴장이 형성될 수 있고, 나아가 강정마을이 전쟁터가 될 위험성도 있다고 주장했다. 이런 상황이 벌어진다면 당연히 마을 사람들의 평화적 생존권이 위협받게 된다.

주변 국가들과 사이가 험악하고 무력 충돌이 심심찮게 발생하는 나라에 사는 사람들일수록 평화적 생존권을 위협받기 마련이다. 군사적 충돌이 잦고 실제로 사망자까지 발생하는 이스라엘이나 팔레스타인에 사는 사람들의 평화적 생존권은 아주 위험한 수준이다. 우리나라는 실제 무력 충돌이 잦지는 않지만 적을 마주하며 군사적 긴장이 첨예하기에 전쟁 또는 무력 충돌의 가능성이 항상 존재한다. 결국 우리의 평화적 생존권은 상대적으로 취약하다고 볼 수 있다.

이론적으로 군대가 있는 나라에 사는 사람들의 평화적 생존권은 완벽하게 보장되지 않는다. 그렇다면 평화적 생존권이 100퍼센트 보장되는 상황이 만들어질 수 있을까? 그것이 가능하긴 한 것일까? 주변국으로부터 침략받을 위험이 없고, 군대도 존재하지 않는다면 그렇게 될 수도 있다. 그레나다·키리바시·리히텐슈타인·팔라우·사모아·솔로몬제도 등은 군대가 없다. 치안 유지를 위해 경찰력을 보유하고 있을 뿐이다. 아이슬란드처럼 상비군이 없는 나라도 있고, 모리셔스나 모나코처럼 소형 총기만으로 무장한 작은 규모의 군이 국내 치안 임무를 담당하고 있는 나라들도 있다.

군대가 없는 나라로 가장 유명한 것은 중앙아메리카의 코스타리카다. 군대가 없거나 작은 규모의 군대만 있는 다른 나라들이 비교적 전쟁이 없는 지역에 위치한 것과 달리 코스타리카는 분쟁이 잦은 중앙아메리카에 위치하고 있다. 코스타리카는 1948년 많은 국민을 희생시킨 내전이 끝난 후 군대를 폐지했다. 다음해인 1949년에는 헌법에 군대 폐지를 명시했다. 코스타리카는 상비군이 없이 치안을 위한 경찰과 정보·안보 임무를 담당하는 작은 규모의 특별부대만 가지고 있다. 국방에 들어갈 돈은 모두 교육과 문화에 투자한다. 국경을 접한 파나마와 니카라과는 물론 대부분의 이웃 국가들이 내전을 겪었지만 코스타리카는 1948년 이후 아무런 내전을 겪지 않았다. 이웃 국가와의 분쟁도 군사력이 아니라 국제사회를 통해 평화적으로 해결하려고 하고 있다. 결국 코스타리카 국민들의 평화적 생존권은 군대가 없는 상황에서 주변국보다 더 확실히 보장됐다고 볼 수 있다.

국가폭력의 확대

물론 군대를 동원한 전쟁이나 경찰력을 이용한 탄압이 눈에 잘 띄긴 하지만 국가폭력을 이런 직접적 폭력에만 한정하는 것은 지나치게 좁은 접근이다. 다른 종류의 국가폭력도 많이 일어나고 있다.

몇 년 전 국민들의 큰 반대를 무릅쓰고 추진된 4대강사업을 예로 들어보자. 4대강사업은 진행 과정에서 직접적 폭력, 구조적 폭력, 문화적 폭력을 모두 보여주었다. 이 사업의 주요 내용은 한강·금강·낙동강·영산강의 바닥 흙을 퍼내고 물을 막아 하천을 정비한다는 것이었다. 그렇게 해서 하천 생태계를 복원하고, 홍수를 예방하며, 강 주변에는 여가 시설을 만들고 자전거 도로를 건설해 국민들이 여가를 보낼 수 있게 하겠다는 계획이었다. 무려 22조 원이 투입된 대형 사업이었으며 상상을 뛰어 넘는 속도로 빠르게 진행됐다.

사전 환경영향평가 없이 강행된 사업은 진행 도중에도 제방 파괴, 문화재 훼손, 홍수 피해, 물고기 집단 폐사, 농업 피해 등 여러 가지 문제를 만들었다. 그러나 본격적인 문제는 공사가 끝난 후 시작됐다. 강의 물을 가두자 강바닥에 흙과 부유물이 쌓여 오염이 진행되고 그 때문에 물고기가 살기 힘든 환경이 만들어졌다. 강 중간중간 건설돼 물을 막은 보 때문에 강 수위가 올라가 농경지가 침수됐다. 흙을 퍼낸 후 강바닥이 낮아지자 유속이 빨라졌고 그로 인해 다리나 농경지 유실 등도 야기됐다. 이 모든 문제로 인한 피해는 전체 국민들의 몫이었다.

4대강사업의 가장 큰 문제점은 정부가 국민들의 의견을 억압하고 독단적으로 사업을 진행했다는 것이다. 4대강사업에 대한 국민들의 반대 의견은 줄곧 50퍼센트 정도를 유지했으며, 일부 지역에서는 70퍼센트를 넘기도 했다. 그러나 정부는 개발 논리를 국민들에게 강요하는 데 열을 올렸다. 그런 한편 4대강사업을 반대하는 환경운동단체 등을 불순한 의도가 있는 세력, 심지어 북한을 돕는 '종북'세력으로까지 몰았다. 우리 사회에 뿌리 깊이 박힌 색깔론을 동원하여 정부에 대한 비판을 원천 봉쇄하려 한 것이다. 환경파괴에 대한 염려와 부실공사에 대한 우려 때문에 4대강사업에 반대했던 사람들은 졸지에 사상이 의심스러운 이들이 됐다. 한마디로 정부에게 주어진 모든 힘과 재원을 이용해 국민들의 반대 의견을 묵살하고, 정부의 정책에 군말 말고 따르라고 요구한 것이다. 이는 사상·철학·담론 등을 통해 가해지는 문화적 폭력이 어떻게 국가에 의해서도 이뤄질 수 있는지를 잘 보여준다. 4대강사업은 정부가 국민들로부터 부여받은 권한을 이용해 국민들에게 문화적 폭력을 가한 대표적인 사례다.

4대강사업 과정은 당연히 구조적 폭력을 동반했다. 50퍼센트 이상의 국민들이 4대강사업을 반대했다면 정부는 사업의 타당성은 물론 장점과 단점을 꼼꼼히 따져봐야 했다. 그것이 당연한 상식이며, 다양한 사람들이 참여해 논의할 수 있는 자리를 마련해야 했다. 무엇보다 농지를 잃게 되거나, 이주를 해야 하거나, 어업을 할 수 없게 되는 등 직접 피해를 입게 되는 사람들에게 모든 정보를 공개하고 의견을 들어보는 것이 당연한 일이었다. 그렇지만 정부는 허술한 공청회를 몇 번 진행했을 뿐 적극적으로 주민들의 의견을 수렴하지 않았다. 오히려 사업이 일사천리로 진행됐기 때문에 직접적인 피해를 입게 될 주민들조차 사전에 자세한 내용을 알지 못했다. 사업이 시작된 후 피해가 발생하면서 주민들이 강력히 반대했지만 정부는 이익만을 홍보하며 사업을 강행했다. 반대 시위를 하는 주민들을 경찰이 진압하면서 직접적 폭력이 발생하기도 했다.

그렇게 주민들은 자신들의 삶과 밀접히 관련된 중요한 의사결정에서 소외당했으며 4대강사업으로 인한 피해를 고스란히 감수할 수밖에 없었다. 왜냐하면 그렇게 정부 마음대로 추진해도 법적으로 지장이 없는 구조였기 때문이다. 주민들의 의견을 반영하지 않아도 되는 이런 구조가 폭력이 된 것이다.

만약 정부가 국민들에게 정말 도움이 되는 좋은 정책이나 사업을 실행할 때는 이렇게 의견을 일일이 듣지 않아도 문제가 없을 것이다. 그렇지만 4대강사업의 경우에는 아니었다. 농민들은 강제적인 공사로 인해 농지에서 쫓겨나거나 땅이 침수되는 등 직접적인 피해를 입었으며, 공사가 끝난 뒤에는 수질오염 등의 문제까지 발생해 피해가 커졌다. 게다가 4대강사업에 들어간 막대한 예산 때문에 국가 재정에 부담이 늘고 복지가 축소된 것까지 생각하면 온 국민이 피해자라 할 만하다.

국가폭력은 두 가지 중요한 특징을 가지고 있다. 하나는 대부분의 국가폭력이 합법적이라는 것이고, 다른 하나는 그 피해가 광범위하다는 것이다. 설사 독재정부라 할지라도 자신의 행위를 정당화하고 국민을 설득하기 위해 대부분은 합법적 근거를 만들어 놓는다. 국가의 문화적 폭력이나 구조적 폭력도, 물리력을 동원한 직접적 폭력도 대개 법의 테두리 안에서 이뤄진다. 피해가 광범위한 이유는 국가의 정책이나 사업이 미치는 영향이 현재에서 미래로 이어지기 때문이다. 다시 말해 현재의 국민들뿐만 아니라 미래의 국민들까지 국가폭력의 피해를 입게 된다는 얘기다. 4대강사업의 피해가 앞으로 수십 년 동안 이어질 것으로 어렵지 않게 예상할 수 있는 것처럼 말이다.

정치에 이용되는 국가폭력

폭력은 누군가 자신의 이익을 위해 다른 사람을 억압하고 원치 않는 것을 강요할 때 발생한다. 그렇다면 국가폭력을 통해서는 누가, 어떤 이익을 얻는 것일까? 국가를 운영하는 것이 정부고 일단의 정치세력이 정부를 이끈다는 점을 생각하면 국가폭력을 통해 얻을 수 있는 이익은 결국 국가를 통치하는 세력에게 돌아간다고 볼 수 있다. 4대강사업처럼 정부가 사업을 원활히 추진하기 위한 것일 수도 있고, 국가폭력으로 인해 부림사건처럼 반대세력의 입을 막고 겁주려는 것일 수도 있다. 물론 직접 지휘하거나 의도하지 않았음에도 폭력이 발생할 수도 있고, 오히려 여론이 안 좋아져 지지율이 떨어지는 손해를 입을 수도 있다. 하지만 정치적 목적을 위해 국가폭력을 이용하는 일은 계속 일어나고 있다.

정부는 때론 전쟁까지도 정치적으로 이용한다. 수시로 일어나는 이스라엘과 팔레스타인의 교전 같은 경우가 그 대표적이다. 1948년 팔레스타인 땅에 이스라엘이라는 국가가 세워지면서 팔레스타인 사람들은 수천 년 동안 살아온 땅에서 쫓겨났다. 그리고 지난 수십 년 동안 둘 사이에는 무력 충돌이 계속됐다.

2014년 7월에도 이스라엘과 팔레스타인의 가자지구 사이에 전면전이 벌어졌다. 7주 동안이나 격렬한 싸움이 계속됐으며, 결국 2200명 이상이 사망했고, 1만1000명 이상이 부상을 당했다. 이스라엘 측 70여 명의 사망자와 1300여 명의 부상자를 제외하면 나머지는 모두 열세인 팔레스타인에서 나왔다. 그렇지만 이스라엘 정부도 가자지구에서 정권을 잡고 있는 집단인 하마스도 쉽게 휴전에 응하지 않았다. 무고한 희생을 지켜보는 전세계 사람들이 휴전을 요구하고 국제사회가 구체적인 휴전 제안도 했지만 허사였다.

무엇 때문에 그런 희생을 감수한 것일까? 팔레스타인에 강한 적개심을 가진 사람들의 지지를 받고 있는 이스라엘 정부는 지지를 유지하기 위해서라도 쉽게 공격을 포기할 수 없었다. 팔레스타인의 하마스* 또한 어린이 수백 명을 포함해 수많은 민간인이 희생돼도 물러서지 않고 싸움을 계속했다. 무력 저항을 원

하마스
팔레스타인의 정당이자 군사조직으로, 하마스라는 이름은 '이슬람 저항 운동'을 뜻한다. 평화적 외교 정책을 추구하는 팔레스타인해방기구에 비해 강경한 무장 투쟁을 중시하며, 이스라엘이 이전의 합의를 무시하고 팔레스타인 탄압을 지속하면서 지지를 얻었다.

하는 사람들의 강력한 지지를 받는 하마스 역시 전쟁을 계속하는 것이 정치적 기반을 유지하는 데 도움이 된다고 생각한 것이다. 결국 이스라엘 정부도 팔레스타인의 하마스도 각자의 정치적 기반을 유지하고 튼튼히 다지기 위해 희생이 급증해도 교전을 계속하는 선택을 했던 것이다.

양쪽 정권 모두 자신에게 부여된 권한을 이용해 정치적 이익을 거둔 셈이다. 국민들의 동의 없이 전쟁을 시작했고 희생자가 늘어나도 휴전에 응하지 않았으며 휴전이 필요한지조차 국민들에게 묻지 않았다. 그런데 희생자가 늘어나자 양쪽 모두에서 상대편에 대한 증오심이 깊어졌고 오히려 끝까지 싸우고 복수해야 한다는 여론이 높아졌다. 결국 이스라엘 정부와 하마스는 전쟁을 지속함으로써 더 많은 지지를 끌어낸 것이다. 다만 무고한 사람들만, 그리고 아무런 정치적 권리를 가지지 못하는 어린 이들만 무수하게 희생됐다.

전쟁을 정치적으로 이용하는 것은 비단 이스라엘과 팔레스타인만이 아니다. 미국의 부시정부는 9 · 11테러 이후 '테러와의 전쟁'을 내세우며 이라크를 침공해 국민들의 지지를 얻고 선거에서도 이길 수 있었다. 남한과 북한의 정권들도 둘 사이의 대결구도를 이용해 각자의 지지세를 강화하는 모습들을 여러 차례 보여주었다.

대부분의 사람들은 국가는 기본적으로 국민을 위해 존재하기 때문에 설혹 국가폭력이 발생해도 그것은 '사고'에 가까운

'야만의 공권력'… 고문은 사라졌지만 일상 행정선 여전

것이라고 생각한다. 그러나 국가는 컴퓨터 장치가 아니라 사람에 의해 운영되는 조직이며, 그 사람들은 자신의 목적을 위해 의도적으로 국가폭력을 저지를 수 있다. 경찰력의 부당한 사용에서부터 평화적 생존권을 위협하는 전쟁까지 국가는 얼마든지 폭력의 가해자가 될 수 있다. 덧붙여 국가와 국민 사이에는 힘의 차이가 크기 때문에 국민들은 국가폭력에 쉽게 저항할 수가 없다. 때문에 국민들은 일방적으로 피해자가 되기 쉬우며, 국가를 운영하는 이들이 국가폭력을 통해 큰 이익을 얻을 수 있는 것이다.

국가폭력을 문제 삼을 때 가장 난감한 사실은 폭력이 합법적인 절차를 통해 국민들에게 가해진다는 점이다. 때문에 국가폭력이 발생해도 감히 그것을 '폭력'이라고 부르기조차 힘들 때가 많다. 그렇지만 폭력인지 아닌지 여부는 사회 또는 집단 내에서 정당화되느냐가 아니라 보편적 개념에 비춰 보았을 때 폭력

에 해당하는지에 따라 판가름난다. 부모가 자식을 때리는 것이
정당하게 받아들여지는 사회라도 그것이 엄연한 폭력인 것처럼
말이다.

　국가폭력 역시 마찬가지다. 그것이 합법적으로 이루어진다고
해서 폭력이 아니라고 말할 수는 없다. 과거 미국과 남아공의
흑인들에 대한 각종 폭력은 인종차별을 정당화하는 법을 통해
합법적으로 인정됐다. 우리는 국가가 폭력의 가해자가 될 수
있으며 합법적인 경우라도 폭력이 될 수 있다는 것을 명심해야
한다. 그래야 비로소 국가폭력을 인식하고서, 그것을 막고 줄이
는 방법 또한 찾을 수 있을 것이다.

제6장

평화를 보는 눈

—

전쟁도 평화도
없는 한반도

2000년 6월 13일 오전 10시 27분, 김대중 대통령을 태운 비행기가 북한의 순안비행장에 도착했다. 비행기 계단을 내려온 김대중 대통령을 북한의 김정일 국방위원장이 맞이했다. 두 정상은 손을 맞잡고 반가워했다. 남북의 정상이 분단 이후 최초로 만난 역사적 순간이었다.

두 정상은 6·15공동선언문을 채택함으로써 역사적인 첫 정상회담을 마무리했다. 공동선언문에는 남북통일을 위한 공동노력과 향후 정치체제에 대한 상호 인정이 포함됐다. 남과 북은 이산가족상봉·경제협력·사회·문화·체육·보건·환경 등 다양한 분야에서 협력과 교류를 통해 신뢰 관계를 만들어가기로 약속했다. 남북정상회담 이후 몇 년 동안 한반도에서는 정치적·군사적 긴장과 불신이 눈에 띄게 줄어들었다. 55년 동안 쌓였던 증오와 상호 비난은 사라지고 사람들은 언제 그랬냐는 듯이 서로를 인정하고 남북이 평화롭게 공존하는 한반도를 당연한 것으로 받아들였다.

이 남북정상회담이 있었던 2000년 이후 2007년까지는 남북 관계의 아주 짧은 간빙기였다고 할 수 있다. 물론 전체적으로 보면 1948년 남과 북에 서로 다른 정부가 세워진 이후 한반도 는 계속 빙하기였다. 잠시 남북 사이의 화해와 평화를 이야기하 는 훈훈한 시기도 있었지만 지금은 다시 극한 대립을 하고 있 다. 특별히 2012년 12월부터 이듬해 4월까지는 전쟁 발발을 우 려할 정도로 한반도의 긴장이 높아졌다. 북한이 대륙간 탄도미 사일 개발로 의심되는 위성 발사 실험을 했고 이어서 핵무기 실 험도 강행했기 때문이다. 설상가상으로 유엔은 2013년 1월과 3 월 대북 제재를 결의해 한반도의 상황을 한층 악화시켰다. 이어 4월에는 남북교류의 상징인 개성공단*의 가동이 중단됐다.

남북의 충돌로 한반도에서 긴장이 고조되면 해외 언론들은 한국의 전쟁 가능성을 보도하곤 한다. 한국에 거주하는 외국인 들 중에는 귀국을 심각하게 고려하는 사람들도 있으며, 그들의 가족과 친지는 걱정을 놓지 못한다. 그러나 정작 한국 사람들 은 너무나 느긋하다. 오랜 분단과 대결 상황을 겪으면서 내공 이 쌓였는지 한국 사람들은 아무 일도 없다는 듯이 일상을 이 어가고 생필품 사재기도 하지 않는다. 해외 언론과 외국인들은 이런 한국 사람들의 모습을 보고 고개를 갸우뚱한다.

전세계가 한반도에서의 전쟁 가능성을 우려하고 있는데 한국 사람들은 어떻게 태연하게 그런 평정심을 유지할 수 있을까?

개성공단
남북이 공동으로 개발·운영하고 있는 북한의 경제특구로 남한의 중소기업들이 입주해 북한 노동자를 고용하는 형태다. 2013년 4월 남북관계의 악화로 일시 폐쇄되었지만, 그해 9월 운영이 재개되었다. 현재 약 5만 명의 북한 노동자가 개성공단에서 일하고 있다.

한국에서 전쟁이나 국지적인 무력 충돌을 염려하는 사람들은 소수에 지나지 않는다. 대부분의 사람들은 남북 사이의 긴장과 날선 비방을 먹고사는 일과는 상관없는 정치 문제로만 취급하는 듯하다. 으레 있는 일로 여기고 혹여 무력 충돌이 발생해도 놀랄 것이 없다는 듯한 태도다. 이것은 사실 오랜 세월 동안 쌓은 내공이라기보다 자기도 모르는 사이에 그런 상황에 익숙해진 결과 생긴 '평화 불감증'이라 할 수 있다. 한반도에 살면서 제대로 된 평화를 경험해본 적이 없으니 평화에 대한 감각 자체를 발달시키지 못한 것이다. 사람들은 전쟁은 없지만 그렇다고 평화가 있는 것도 아닌 한반도 상황을 삶의 일부분으로 당연한 듯 받아들이게 된 것이다.

전쟁의 부재, 평화의 부재

1950년 6월 25일 시작된 한국전쟁은 1953년 7월 27일 휴전협정armistice 체결로 일단락되었다. 하지만 휴전협정을 맺었을 뿐 화해한 것은 아니기에 서로에게 총부리를 겨눴던 전쟁으로 깊어진 증오는 조금도 줄어들지 않았다. 때문에 남한과 북한은 계속 상대를 감시하고 이기기 위한 힘을 키우는 데 열을 올렸다. 서로를 철저하게 감시한 덕분인지 지금까지 한반도에서는 전쟁이 일어나지 않았다. 그렇지만 한반도는 전쟁의 가능성을 항상 안고 있다. 한국전쟁은 마침표가 아니라 쉼표만 찍었기 때문이다.

휴전은 말 그대로 전쟁을 쉰다는 뜻이다. 이것은 전쟁을 완전히 끝내고 평화적 공존을 약속하는 평화조약과는 다른 것이다. 게다가 남한은 휴전협정에서 빠져 있고 북한, 중국 그리고 남한을 대신해 미국이 서명했다. 그러니 공식적으로 한반도는 여전히 전쟁 상태다. 때문에 해외 언론들은 한반도 상황을 잘 모르는 사람들을 위해 한반도가 '엄밀하게는 전쟁중technically at war'이라는 설명을 덧붙이곤 한다. 이 점이 바로 한반도에 전쟁이 없지만 평화도 없는 상태가 계속되는 근본적인 이유다. 남한과 북한은 평화를 약속한 적이 없으니 각자 군사력을 키워 서로를 견제하면서 계속 전쟁에 대비하고 있다. 이런 상황에서는 당연히 남북관계가 나빠질 때마다 전쟁을 염려할 수밖에 없다.

휴전 이후 남한과 북한은 자연스레 군사력 강화에 힘을 쏟았다. 1980년대 남한의 국방비는 정부 예산의 30퍼센트 이상을 차지했다. 지금은 많이 줄어 10퍼센트 수준이지만 절대 액수는 더 늘었다. 정확한 액수를 보면, 2013년 국방비는 추경 예산을 포함해 34조4970억 원, 2014년에는 35조7056억 원이었다. 우리나라의 국방비 규모는 2013년에는 세계 11위, 2014년에는 세계 10위를 기록했다. 한국보다 더 많은 국방비를 지출하면서 한국보다 경제규모가 작은 나라는 사우디아라비아뿐이다. 무기 수입 순위도 한국은 꾸준히 세계 2~3위를 유지하고 있고, 특히 미국 무기를 가장 많이 수입하는 나라기도 하다.

무력 대치 상황으로 인해 남과 북은 막대한 국방비를 쏟아붓고 있다. 자국민의 건강과 안전보다 군사력 증강을 더 중요시하는 정책은 또 다른 폭력이다.

우리나라의 국방비 지출이 많은 것은 물론 북한이라는 공식적인 '적'을 마주하고 있기 때문이다. 국방비 지출의 주요 목적은 북한의 공격과 전쟁을 막는 것이고 그런 이유로 남한은 북한의 전력에 뒤지지 않기 위해 첨단 무기를 구입하고 60만 명이 넘는 병력을 유지하고 있다. 이른바 전쟁 억지력deterrent power을 확보하기 위해서다. 북한 역시 남한에 대항하기 위해 막대한 예산을 투입한다. 공식적으로 밝혀진 북한의 국방비는 1조 원 정도다. 남한의 국방비 예산 35조 원과 비교하면 아주 적은 액수지만 북한 정부예산의 16퍼센트, 국내총생산의 25퍼센트에 해당하는 어마어마한 비중이다. 남한 역시 막대한 액수를 국방비로 지출하는 걸 생각하면, 남북의 군비경쟁은 결국 출혈 경쟁이라는 걸 알 수 있다.

이런 한반도의 상황을 평화의 시각으로 정리해보자. 1장에서 봤듯이 평화에는 소극적 평화와 적극적 평화가 있다. 소극적 평화는 생명과 신체에 위협을 가하는 폭력이 없는 상태를 말하기 때문에 최소한의 평화로 여겨진다. 적극적 평화는 소극적 평화에서 훨씬 진전된 것으로 생명과 신체의 안전을 넘어 사회 구조와 문화를 이용한 폭력까지 없는 상태를 말한다. 국가 차원에서 소극적 평화를 성취하기 위해서는 전쟁을 예방하고 무기를 감축해야 한다. 전쟁은 가장 치명적인 직접적 폭력이며 무기 감축이 전쟁 가능성을 줄이기 때문이다.

이런 평화의 시각은 국방부 또는 군사 전문가들의 주장과는 상반된다. 그들은 오히려 전쟁 억지력이 확보되면 전쟁이 예방되기 때문에 최첨단 무기를 확보해 군사력을 갖춰야 한다고 주장한다. 그리고 전쟁 억지력을 유지한 덕분에 한반도에 전쟁이 없는 '평화' 상태가 유지되고 있다고 주장한다. 그렇다면 그들 말대로 정말 한반도에서 평화가 성취된 것일까?

전혀 그렇지 않다. 최소한의 평화인 소극적 평화조차 전쟁이 없는 상황이 되고 전쟁을 재개할 의도가 사라져야 성취될 수 있다. 그런데 그들이 '평화'라고 말하는 현재 한반도 상황은 어떤가? 북한이 핵무기 실험을 감행하고 군사적 위협을 가하며, 그에 대해 남한 또한 군사적 대응을 천명하면서 툭하면 전쟁 분위기가 감돌지 않은가. 실제로 2010년에는 연평도에 북한군의 포탄이 떨어져 십수 명의 사상자가 발생하기도 했다. 한반도는 낮은 수준의 평화인 소극적 평화의 기본조건조차 갖추지 못한 상태다. 남한과 북한 모두 여전히 전쟁 가능성을 염두에 두고 전쟁 의도를 포기하지 않고 있으니 말이다. 이런 상황에서는 전쟁도 없고 평화도 없는 상태에 종지부를 찍을 수도, 진정한 평화 성취를 위해 다음 단계로 전진할 수도 없다.

무기여 잘 있거라

전쟁을 대비한다는 이유로 군비경쟁을 계속하는 한 진정한 평화는 오지 않는다. 말 그대로 전쟁을 '억지'하고 있을 뿐이고, 억지된 전쟁은 언제든 터져나올 수 있다. 그러니 이 불안한 상태를 극복하려면 국방비를 줄이고 무기를 감축해야 한다. 그렇지만 이 문제는 어느 나라에서나 매우 민감하고 복잡한 문제다. 대부분의 사람들은 이웃 나라들이 중무장을 하고 있는 상황에서 근거 없는 믿음으로 자기 나라만 국방을 소홀히 하는 것은 어리석은 일이라고 생각한다. 더군다나 우리나라처럼 북한이라는 적을 마주하는 상황에서는 국방이 항상 가장 중요한 현안이 된다.

사람들은 국방비 삭감과 무기 감축은 우리나라 상황에서는 너무 비현실적이고 순진한 생각이라고 말한다. 과연 그럴까? 우리가 천문학적인 돈을 들여 무기를 사고 군사력을 증강시키는 것은 적대하는 국가가 있기 때문이다. 그렇다면 적대하는 국가가 없어지면 군사력에 많은 투자를 할 이유도 없지 않은가. 다시 말해 남한에 대한 북한의 적대감이 줄어들고 남한과 북한이 좋든 싫든 한반도에서 공존해야 한다는 점을 인식하면 된다는 얘기다. 그리고 적대감을 줄이기 위해서는 관계를 개선하면 된다.

뜬구름 잡는 얘기라고 할지 모르지만 사실 적대감 해소와 관계 개선 없이 군사적 안보에만 신경 쓰는 건 제대로 된 대외정책이라 할 수 없다. 우리나라의 역대 모든 정부가 내세우는 남북관계의 기조 또한 적대감 해소와 관계 개선이다. 구체적 과정과 방법이 다를 뿐이다. 그리고 우리나라의 지금 환경에서는 북한과의 적대관계를 개선해 국방비도 줄이고 전쟁 가능성을 획기적으로 줄여 안전한 환경을 만드는 것이 훨씬 합리적인 선택이다.

관계 개선의 가장 큰 효과는 안전의 보장이다. 달리 말해 현재 수준에서 관계가 계속 악화되기만 한다면 우리의 안전이 위험해지고 평화적 생존권이 보장되지 않는다는 얘기다. 민간인 희생자를 낳은 2010년 연평도 포격 사건, 2012년 말에서 2013년 초까지의 전쟁 위기 등이 우리가 직면한 현실적 위험을 말해

준다. 이런 상황에서는 아무리 첨단 무기를 갖추고 24시간 감시를 해도 안전이 보장되지 않는다. 뿐만 아니라 전력이 아무리 강력해도 무력 충돌이 일어나면 피해가 발생할 수밖에 없다. 결국 무기는 안전을 보장하지 않는다. 정부와 국방부의 말대로 무기가 전쟁 억지력을 가질 수 있으려면 아이러니하게도 원만한 관계가 선행돼야 한다는 결론이 나온다.

관계 개선의 최우선 전제는 만남이다. 만남이 많아져야 서로 이해할 수 있고, 관계를 만들 수 있으며, 신뢰도 키워나갈 수 있기 때문이다. 만남을 통해 관계가 개선되면 갈등이 생겨도 서로 대화로 풀 수 있고 그러면 무기를 준비할 필요가 없다. 그러나 서로 만나지 않고 믿지 못하면 뒤로 무기를 준비하게 된다.

많은 사람들이 안전을 위해서라도 남북관계 개선을 원하고 있다. 그런데도 정부는 왜 관계 개선을 하지 않는 것일까? 왜 대북 정책에 국민들의 바람은 반영되지 않는 것일까? 근본적인 이유는 정치적인 목적으로 대북 정책의 방향이 결정되고, 평화를 향한 대중의 소망은 배제되기 때문이다. 정책의 방향이 지속성을 가지지 못하고 정권의 성향에 따라, 다시 말해 최고 통치자의 성향에 따라 달라지기 때문이다. 이런 상황에서는 남북 사이에 꾸준한 신뢰를 쌓기도, 관계 개선이나 유지도 힘들 수밖에 없다.

소극적 평화도 달성할 수 없는 현재의 상태를 극복하는 중요한 방법 중 하나는 '한반도 평화 논의'의 독점을 깨는 것이다.

정부만이 한반도 평화 문제를 다룰 수 있고, 정부의 정책에 잠자코 따라야만 한다는 생각은 깨져야 한다. 정부가 남북관계와 대북 정책의 영향을 받는 당사자인 국민을 배제시키고, 일방적으로 정책과 방향을 결정해 그것을 국민들에게 강요하는 구조는 그 자체로 폭력적이다. 국민들의 안전을 위해 북한과의 관계 개선을 고민하지 않고 군사력 강화에 맞춘 정책만을 고집하고 강요하는 것 또한 없어져야 할 구조적 폭력이다. 정부의 독점이 깨지고 적극적으로 대중의 의견을 받아들여 적대감 해소와 관계 개선에 나설 때 때 모두의 안전이 보장되는 평화로운 한반도를 만들 수 있을 것이다.

전쟁이 없고 평화가 있는 한반도는?

2014년 4월 15일, 제4회 세계군축행동의 날에 국회 앞에서 28개 시민단체 대표들과 야당 국회의원 22명이 "상호 파괴와 살상을 불러오는 군비 경쟁을 중단하고 대신 복지정책에 세금을 써야 한다"고 주장하는 거리 캠페인을 진행했다. 이들은 대결 구도는 관계 악화와 무기 경쟁만을 부르고 갈등을 해결할 수도 시민의 안전을 기약할 수도 없기 때문에 대화와 협력을 통해 평화를 실현하는 방법을 모색해야 한다고 주장했다. 이날의 거리 캠페인은 북한과 대치중인 대한민국의 대표적인 시민단체들과 국회의원들이 군축을 주장한 매우 의미 있는 일이었다. 그러나 주요 신문사와 방송사 중 어느 곳도 이것을 뉴스로 다루지 않았다.

왜 사람들은 평화를 위해 군비를 축소하고 무기 경쟁을 중단해야 한다는 주장에 별 흥미를 느끼지 못하는 것일까? 대부분의 사람들은 남북간의 대결과 적대적 관계 때문에 한반도 상황이 항상 불안하고 평화롭지는 않다는 것을 알고 있다. 그럼에도 왜 군축에는 관심이 없는 것일까? 아마도 남북관계와 북한의 태도 등을 생각할 때 군축은 불가능하며, 군사력이 강하지 않으면 북한의 공격을 막을 수도 없고 안전이 보장되지도 않는다고 생각하기 때문일 것이다. 그런데 과연 지금 한반도 상황이 불안한 것이 우리의 군사력이 부족해서일까? 전문가들은 이미 남한의 군사력이 북한보다 많이 앞선다고 말한다. 남한은 첨단무기도 남부럽지 않은 수준으로 갖추고 있다. 그런데도 상황을 돌아보면 첨단 무기로 무력 충돌이나 그로 인한 희생을 막아본 적이 없다. 아무리 성능 좋은 무기가 있어도 그것으로 안전을 담보할 수 없는 이런 상황에서 군사력과 무기를 더하는 것은 의미가 없다. 한반도는 이미 군사력과 무기의 포화상태다. 그러므로 군비 증강이 아니라 관계 개선에 노력을 기울여야 현재의 상황을 타개할 수 있다.

사람들이 가지고 있는 한반도 평화에 대한 시각은 크게 세 가지로 분류될 수 있다. 첫번째는 남북의 적대관계가 계속돼도 무력 충돌만 막는다면 곧 한반도 평화가 이뤄진다는 시각이다.

이것은 적대관계를 개선하지 않고 무력 충돌을 막는 것에만 초점을 맞춘 것이다. 두번째는 남북의 상호 관계성을 제한적으로 인정하면서 필요할 경우에 협력할 수 있으면 그것이 곧 한반도 평화를 이루는 방법이라는 시각이다. 이것은 적대관계에서 조금 더 진전된 것 같지만 사실은 적대관계를 현실로 인정하고 그 위에서 각자 이익을 추구할 수 있을 정도로만 관계가 유연해지면 된다는 시각이다. 세번째는 남북의 상호 의존성과 공존의 필요에 초점을 맞춰야 한반도 평화가 이뤄진다는 시각이다. 이것은 상호 발전을 위해 관계를 적극 개선하여 서로를 이해하려는 방향을 추구한다.

첫번째와 두번째 시각은 남북의 적대관계를 근본적으로 바꾸려 하지 않는다. 무력 충돌과 그로 인한 희생의 가능성을 항상 염두에 두고 있다. 때문에 이 시각에서 말하는 평화는 아무리 국방을 강화해도 한계가 있다. 무엇보다 이런 시각에서 말하는 평화는 평화가 아니다. 전쟁 또는 무력 충돌의 가능성이 없어져야 가장 낮은 수준의 평화, 다시 말해 소극적 평화라도 이뤄질 수 있는데 그것조차 가능하지 않기 때문이다.

세번째 시각은 현재의 적대관계에서 벗어나 새로운 남북관계를 만드는 데 초점이 맞춰져 있다. 남북의 평화로운 공존에 대한 기대를 담고 있는 이 시각은 자연스럽게 군비 증강과 경쟁의 문제를 고민하게 만들고 적대적 담론과 구조를 성찰하게 한다. 이것은 당연히 소극적 평화의 달성을, 다시 말해 전쟁이나 통일이 군사력으로 달성될 수 없듯, 평화도 군사력으로는 이룰 수 없다. 군사적 대립을 지양하고 한반도에 평화를 정착시키기 위한 노력이 필요하다.(한겨레, 2013년 6월 11일)

무력 충돌이 없는 미래를 상상할 수 있게 한다. 이런 시각을 가진 사람들은 사실 많지 않기 때문에 순진하고 비현실적인 꿈을 꾼다고 핀잔을 듣기도 하지만 사실 '우리의 소원은 통일'이라는 말 속에 이미 이런 시각이 담겨져 있다. 또한 모든 정부가 내세우는 남북협력·화해·교류 등의 언어에도 이런 생각이 담겨 있다. 이런 시각을 부인하거나 비판하는 것은 이중적 태도라고밖에 볼 수 없다.

한반도 평화는 한반도에 사는 모든 사람들의 안전한 삶을 위해서는 물론 삶의 질을 높이기 위해서 반드시 필요하다. 남북의 대결이 사라지고 국민의 안전이 위협받지 않는 소극적 평화를 성취하는 것조차 쉽지 않은 것이 분명한 현실이다. 그러나 아무리 어려움이 있어도 인간이 누려야 할 최소한의 평화도 성취하지 못해서야 되겠는가. 그리고 그 토대 위에서 적대적 구조와 담론까지 사라지는 높은 수준의 평화, 다시 말해 적극적 평화를 성취할 수 있어야 한다. 그것이 전쟁이 없고 평화가 있는 한반도를 만들 수 있는 길일 것이다.

평화를 보는 눈

—

빈곤,
폭력과 희생을 낳다

2013년 가을 〈캡틴 필립스^{Captain} Philips〉라는 인상적인 영화가 개봉됐다. 실화를 토대로 한 영화로 소말리아 해적에 납치된 대형 화물선 선장의 생존 이야기다. 손발이 오그라들게 만드는 단순한 영웅 이야기로 그칠 뻔했던 영화에 생기를 불어 넣은 것은 톰 행크스^{Tom Hanks}의 출중한 연기도, 숨막히는 심리전 묘사도 아니었다. 그것은 영화 속 소말리아 해적들의 모습이었다. 해적이라 하기엔 너무 허술하고, 심지어 측은하기까지 한 그들의 모습은 실화만이 가지는 현실감을 전하기에 충분했다. 거기다 그들이 해적질을 하기로 결정할 때 마을에서 벌어진 상황은 그들이 직면한 극심한 빈곤을 짧고 굵게 설명해줬다. 생계를 위해 해적이 된 이들을 보여주는 이 영화는 어떤 뉴스보다 소말리아 해적 이야기를 정확히 다루고 있다.

소말리아 해적은 악명이 높다. 말 그대로 '해적'답게 화물선이든 개인 요트든 가리지 않고 납치해 비싼 몸값을 받아내는 것이 이들이 하는 일이다. 물론 말을 안 들으면 인질을 죽이는 것도 주저하지 않는다. 이들은 웬만한 무장세력에 뒤지지 않는 무기와 장비를 갖춰 조직적으로 해적질을 한다. 납치로 얻는 거액의 몸값으로 해적 대장들은 호화스런 생활을 하는 것으로 알려져 있다.

그런데 소말리아 해적 모두를 단순히 '나쁜 놈'으로 취급하기는 힘든 면이 있다. 대부분의 말단 해적들은 정치 불안과 빈곤에 찌든 소말리아에서 먹고 살기 위해 할 수 없이 해적질을 택했기 때문이다. 그렇다고 해적질이 정당화되는 것은 아니지만 그들을 해적질로 내몬 빈곤이 더 큰 해적이 아닌가 한다.(소말리아 해적의 등장과 그 사회적 배경에 대한 자세한 내용은 정주진, 『평화학자와 함께 읽는 지도 밖 이야기』, 아르케, pp. 17~23 참조.)

소말리아 해적의 이야기는 빈곤이 폭력, 특별히 무장 폭력과 어떻게 연결되는지 잘 보여준다. 이 점은 평화가 빈곤에 관심을 두는 중요한 이유 중 하나다. 많은 평화 연구자들이 빈곤과 내전 또는 무력 충돌 사이에 어떤 인과관계가 있는지를 연구해오고 있다. 빈곤이 내전이나 무력 충돌을 야기하는지, 아니면 내전이나 무력 충돌이 빈곤을 야기하는지에 대해서는 여전히 논란이 많다. 한 가지 분명한 것은 내전이나 무력 충돌이 대부분 가난한 나라에서 발생한다는 사실이다. 이는 분명히 빈곤이 내전이나 무장 충돌의 주요한 원인 중 하나이거나 다른 정치적,

국제 순찰선에게 잡힌 소말리아 해적들. 대부분의 해적들은 가난한 어부 출신으로, 생활고 때문에 무기 몇 자루를 들고 해적질에 나선 경우가 많다.

마오이스트
마오쩌둥의 이념을 추종하는 네팔의 공산주의 정당으로, 네팔공산당이라고도 불린다. 1994년 만들어져 왕정 타도와 인민공화국 수립을 목표로 정부군과 게릴라전을 벌여왔으며, 10년이 넘는 내전으로 1만4000명에 달하는 사망자가 발생했다. 결국 2006년 왕정 폐지에 성공했으며, 2008년에는 선거에도 참여해 정권을 차지했다.

사회적 요인과 결합해 상승효과를 낸다는 것을 말해준다.

네팔의 경우 마오이스트Maoist•라는 반군세력은 특별히 빈곤이 심한 서부와 중서부에서 지지를 얻어 세력을 굳혔다. 물론 거기에는 계급제도·성차별·민족갈등 같은 요인도 있었지만 그 지역의 빈곤 상황이 마오이스트의 확장에 큰 기여를 한 것만은 사실이다. 소말리아의 해적들 또한 그 배경에는 역시 전쟁과 빈곤이 함께 있다. 소말리아는 1991년 이래 내전을 겪고 있고, 그로 인한 정치적·사회적 불안이 계속돼 빈곤이 악화됐으며, 그것이 해적들의 출현으로 이어진 사례다.

빈곤과 폭력의 상관관계는 빈곤이 평화를 위협한다는 것을 보여준다. 물론 이것은 빈곤 지역에 반드시 폭력이 많다는 얘기도 아니고, 가난한 사람들이 폭력적이란 얘기는 더더욱 아니다.

다만 빈곤이 다른 불안 요인들과 복합적으로 작용할 때 폭력의 확대에 기여할 수 있다는 것이다. 빈곤이 폭력 발생에 기여하고, 폭력의 확대로 경제 개발이 힘들어지며, 그 결과 빈곤이 심화되고 다시 폭력이 발생하는 악순환의 고리가 만들어지는 것이다.

내전이나 무장 충돌, 또는 무장 범죄 조직의 사례가 아니더라도 빈곤과 폭력이 상관관계를 가지고 발생하는 경우는 우리 사회에서도 찾을 수 있다. 가장 주목할 것은 빈곤과 2차 폭력의 관계다. 앞서도 말했듯 2차 폭력은 구조적 폭력의 피해자가 자신의 피해를 극복하기 위해, 또는 피해를 보상받기 위해 저지르는 폭력이다. 특히 빈곤 때문에 이런 2차 폭력이 많이 발생하고 연쇄적 희생을 야기한다. 가난한 가정에서 가정폭력이 많이 발생하는 것은 우연이 아니다. 가장 극단적인 경우는 부모가 자식을 죽이고 자신도 스스로 목숨을 끊는 것이다. 인륜을 저버리는 끔찍한 일이지만 불행히도 우리 사회에서 종종 일어나는 일이다. 부모들이 가난한 삶에 지쳐서 자식과 함께 죽기를 선택하는 것이다.

그런 부모의 선택은 절대 정당화될 수 없다. 아무리 힘들어도 아이의 생명을 부모가 마음대로 빼앗아서는 안 된다. 그럼에도 그런 폭력의 원인이 빈곤이라는 점은 부인할 수 없다. 그리고 빈곤을 야기하는 실업, 불안정한 고용, 낮은 임금 등은 개인의 책임이 아니라 많은 부분은 잘못된 구조에서 비롯된 것이다. 결국 부모가 자신의 분신과도 같은 자식을 희생시키는 비극적인 일의 뿌리에는 구조적 문제가 있는 것이다. 이렇게 빈곤은 폭력을 낳으며 끊임없이 우리 사회의 평화를 위협한다.

빈곤은 누구의 책임?

빈곤을 보는 시각에는 여러 가지가 있다. 빈곤과 직접 관련이 있는 경제나 정치의 영역에서는 경제발전과 사회안정의 문제와 관련하여 빈곤을 바라본다. 인권의 시각에서는 모든 사람에게는 최소한의 삶을 보장받을 권리가 있기에 사회가 빈곤을 책임져야 한다고 본다. 평화가 빈곤을 보는 시각은 조금 다르다. 평화는 우선적으로 빈곤이 가져오는 희생에 주목한다. 평화가 빈곤에 관심을 가지는 목적은 빈곤에 의한 희생을 줄이기 위해서고, 궁극적으로는 희생을 없앰으로써 개인과 집단의 평화를 성취하기 위해서다.

평화의 눈으로 봤을 때 빈곤은 희생을 부르며 그 희생 뒤에는 흔히 폭력이 있다. 빈곤으로 인한 희생은 죽음과 질병 같은 개인적인 차원에 머물기도 하지만 때로는 가정불화, 가정폭력, 가족해체, 범죄 같은 집단 및 사회 차원의 희생이 발생하기도 한다. 그렇다면 희생을 만든 가해자는 누구일까? 예를 들어 더 이상 가난한 생활을 견디지 못한 부모가 자식을 죽이거나 버렸다면 그 가해자는 누구일까? 1차적으로는 그 부모라고 생각할 수 있다. 그런데 그들이 열심히 일했음에도 불구하고 가난했다면 그들만을 가해자로 보기는 힘들다. 결국 가난이 당사자만의 책임이 아니라는 얘기가 되기 때문이다. 그렇다면 열심히 일해도 살기 힘들게 만든 사회도 가해자가 아닐까?

전쟁의 문제를 생각해보자. 커다란 희생을 낳는 전쟁은 가장 극단적인 폭력으로 이해된다. 하지만 전쟁은 희생의 원인이긴 하지만 결과적 상황일 뿐이다. 전쟁에 필요한 무기를 축적하고, 전쟁을 촉발시키며, 희생을 무시하고 전쟁을 지속시키는 구조와 그 구조에서 이득을 얻는 사람들이 진짜 가해자일 것이다. 빈곤도 마찬가지다. 빈곤이 희생을 낳는 원인이 되지만 그 자체가 가해자는 아니다. 가해자는 열심히 일하는 사람조차 가난에서 빠져나오지 못하게 만드는 구조와 그 구조를 이용해 이득을 얻는 사람들일 것이다. 결국 가해자를 밝히기 위해서는 빈곤의 뿌리에 있는 잘못된 사회 체계, 즉 폭력적 구조까지 밝혀야 한다. 이런 이유로 평화는 빈곤의 뿌리에 있는 폭력적인 사회 구조를 탐구한다. 그렇지 않고는 빈곤을 이해할 수 없고 빈곤이 가져오는 폭력과 희생을 줄일 수도 없기 때문이다.

빈곤을 가져오는 구조의 문제를 인도의 사례로 들여다보자. 인도는 현재 개발도상국 중 빠르게 성장하는 나라에 속하며, 세계적인 정보기술 강국으로 발돋움하고 있다. 경제성장률도 꾸준히 연간 5퍼센트 정도를 유지하고 있다. 그러나 동시에 인도의 빈곤율은 세계적으로도 손꼽히는 수준이다. 2013년 현재 절대적 빈곤을 말하는 국제 빈곤선(하루 생활비 1.25달러 이하) 이

7장 빈곤, 폭력과 희생을 낳다

하의 인도 인구는 전체의 32.7퍼센트다. 전세계 빈곤 인구 3분의 1이 인도에 살고 있다.

인도의 경제성장은 빈곤층 감소에 도움이 되기는커녕 오히려 빈곤을 확대시키고 있다. 국가 전체 부의 분배를 보면 이를 알 수 있다. 인도에서 최상위 20퍼센트가 차지한 부의 비율은 1995년 40.1, 2005년 42.4, 2010년 42.8퍼센트로 조금씩 오른 반면 최하위 20퍼센트가 차지한 비율은 각각 9.1, 8.6, 8.5퍼센트로 조금씩 낮아졌다. 이는 계속되는 경제성장과 도시의 발전이 빈곤층에게 오히려 해가 되었음을 의미한다.

인도 최대의 도시 중 하나인 뭄바이의 풍경은 지금 인도 사회가 겪고 있는 구조적 폭력의 모습을 그대로 보여준다. 뭄바이는 2000만 명 이상이 사는 세계적인 대도시이지만 뭄바이 공항에서 시내로 들어가는 길의 주변 풍경은 다른 대도시들의 풍경과는 사뭇 다르다. 도로 양편에는 연이어 빈민촌의 모습이 펼쳐진다. 언뜻 보기에도 허술한 집들, 그리고 그 위에는 언제 쓰러질지 모르는 작은 옥탑방이 놓여 있다. 몇십 분을 달려 제법 대도시의 모습을 갖춘 번화가에 들어서도 차가 설 때마다 창문을 두드리며 구걸하는 사람들과 마주치게 된다. 그리고 더 전진해 제법 '세계 수준'의 대도시 모습을 갖춘 구역으로 접어들면 쇼핑몰이 등장한다. 그런데 쇼핑몰 주변의 모습은 기이하다. 세련된 쇼핑몰과는 대조적으로 그 주변은 어수선하고 지저분하며 가난한 사람들의 모습이 가득하기 때문이다. 쇼핑몰은 빈곤의 바다 위에서 마치 섬처럼 떠 있다.

뭄바이를 비롯해 인도의 대도시는 경제 발전의 상징임과 동시에 빈곤의 전시장이 되고 있다. 도시는 발전하지만 빈곤층은 줄지 않는 것이다. 무엇인가 잘못되어 있다는 증거다. 한 가지 분명한 것은 그것이 가난한 사람들이 책임지고 해결할 문제는 아니라는 것이다.

세계 곳곳에 만연한 빈곤의 책임이 누구에게 있는지를 따지는 것은 부질없는 일이라고 할지도 모른다. 부자 나라에도 가난한 나라에도 빈곤층은 있기 마련이니 말이다. 빈곤층을 획기적으로 줄이지 못하는 책임을 정부에 돌릴 수는 있지만 개인이 가난해진 책임까지 정부가 져야 될 이유는 없는 것 같기도 하다. 그렇지만 빈곤층과 부유층 사이의 격차와 소득 및 부의 분배 불균형 문제를 보면 얘기가 달라진다. 경제는 성장하고 국가 전체의 부는 늘어나는데 빈곤층은 줄어들지 않는다? 거기다 부유층의 부는 급증하고 삶의 수준이 고공행진을 하는데 빈곤층의 삶의 수준은 별반 변화가 없거나 오히려 악화된다? 뭔가 이상하지 않은가. 이것은 국가 정책과 사회 구조에 문제가 있다는 얘기다. 다시 말해 빈곤층에 속한 대부분의 사람들이 가난에서 쉽게 벗어나지 못하는 이유가 그들의 잘못이 아니라는 얘기다. 또한 이미 경제성장을 이룬 선진국에서도 소득 불평등이 심해지고 빈곤층이 줄지 않는다는 사실은 경제성장의 혜택이 빈곤층에게 가장 늦게 돌아가는 것이 아니라 '영원히' 돌아가지 않을 수도 있다는 사실을 말해준다.

최저임금 뒤에 숨은 폭력

2014년 7월, 헌법재판소가 청소노동자들에게 최저임금도 지급하지 않은 일이 폭로됐다. 논란이 되는 다양한 사회 현안의 위헌 여부를 가리는 최고재판기구인 헌법재판소가 법으로 정해 놓은 시간당 최저임금제를 어긴 기막힌 일이 생긴 것이다. 헌법재판소는 2014년도 청소용역 계약을 하면서 2013년도의 최저임금을 적용했고, 토요일 근무조건을 요구했지만 주말근로수당은 예산에 넣지도 않았다. 때문에 청소 노동자들은 행사가 있는 토요일과 일요일에는 무급 노동을 해야만 했다.

헌법재판소의 사례는 빈곤이 단순히 개인의 문제가 아니라 잘못된 구조에서 비롯됐음을 보여준다. 적어도 헌법재판소 청소노동자들에게는 그렇다. 제일 먼저 문제가 되는 것은 최소한의 임금을 법으로 정해 놓은 최저임금제다. 최저임금을 법으로 정해 놓는 이유는 두 가지 때문이다. 첫째는 노동자들이 적절한 삶을 유지하도록 최소한의 임금을 받게 하는 것이고, 둘째는 최저임금제를 지키지 않을 경우 처벌할 수 있게 함으로써 최저임금이 유지되게 하기 위해서다. 그렇지만 실제로는 그 두 가지 목적이 모두 훼손되고 있다.

시간당 최저임금을 받고 일을 한다 해도, 결국 한 달 받는 급여는 130만 원 정도밖에 되지 않는다. 3~4인 가족의 생활비로는 턱도 없는 액수다. 그렇지만 최저임금도 못 받고 일하는 노동자가 차고 넘친다. 2014년 3월 현재 60세 이상 노동자 중 46.4퍼센트가 최저임금도 받지 못했다. 50~59세의 경우엔 13.8퍼센트가 최저임금 이하를 받았다. 법으로 정해놓은 최저임금제가 지켜지지 않고 있다는 뜻이고, 최저임금이 최소한의 임금이 아니라 일종의 임금 상한선처럼 돼버렸다는 뜻이다.

현실을 반영하지 않고, 제대로 지켜지지 않는 최저임금제는 당연히 빈곤층의 생활을 더 어렵게 만든다. 최저임금제는 좋은 의도로 시작됐지만 빈곤층에겐 구조를 통한 폭력이 되고 말았다. 그런데 최저임금제에는 숨겨진 다른 폭력이 있다. 바로 왜곡된 이론과 담론을 동원한 문화적 폭력이다.

우리나라의 시간당 최저임금은 경제 수준에 비해 턱없이 낮다. 우리나라 노동자 평균 임금의 31.2퍼센트에 불과하고 물가 상승률도 제대로 반영되지 않는다. 기업은 최저임금을 정할 때마다 '최저임금이 높아지면 일자리가 줄어든다'고 주장하고 일부 경제학자들도 그런 주장을 지지한다. 임금이 높아지면 업주들이 당연히 채용을 줄일 것이라는 이런 단순한 논리는 사회 담론으로 굳어졌다. 그런데 최저임금이 실제 고용에 미치는 영향이 미미하다는 연구 결과도 많다. 나아가 최저임금이 높아져야 중하위층의 구매력이 높아져 중소기업과 영세업자들의 수익성도 높아질 수 있다는 주장도 설득력을 얻고 있다. 그런데 이런 이론과 주장은 한국 경제에 막강한 영향력을 행사하고 있는 기업들과 그들을 지지하는 보수 정치인들의 힘에 밀려 인정받지 못하고 있다. 결국 낮은 최저임금의 뒤에는 그 잘못된 구조를 정당화하고 지속시키는 문화적 폭력이 자리 잡고 있는 것이다.

최저임금제는 빈곤이 왜 개인만의 책임이 아닌지 잘 보여준다. 특별히 열심히 일하는 가난한 사람들의 경우에는 더욱 더 그렇다. 이것은 앞서 언급한 인도의 경우 왜 경제는 성장하는데 빈곤은 획기적으로 줄지 않고 소득 불균형이 심해지는지의 문제도 잘 설명해준다. 인도에서건 한국에서건 임금이 너무 낮으니 빈곤을 벗어나기 힘든 것이다. 그리고 그 낮은 임금은 구조와 문화의 폭력을 통해 정당화된다. 이런 점에서 빈곤은 폭력의 결과이며 가난한 사람들은 그 모든 폭력의 희생자인 셈이다. 빈곤에서 비롯되는 신체적 안전의 위협이라는 직접적 폭력에 희생되고, 빈곤을 지속시키고 악화시키는 구조적 폭력에 희생되며, 기업과 보수적 정치 이념의 이익을 대변하는 이론과 담론을 통한 문화적 폭력에 희생되는 것이다.

희생과 폭력에 주목하는 평화

빈곤과 관련해 평화가 주목하는 핵심적인 두 단어는 '희생'과 '폭력'이다. 사실 평화가 관심을 가지는 것은 빈곤 그 자체가 아니라 그로 인해 발생하는 희생과 폭력이다. 어떤 피해가 발생했을 때 그것이 평화의 주제인지 아닌지 판단하게 해주는 것은 가해자와 피해자 사이에 힘의 차이가 존재하고 그것이 악용되었는지 여부다. 둘 사이에 존재하는 힘의 차이 때문에 피해가 발생한다면 그것은 곧 누군가 '희생되는victimized' 것이며, 폭력이기 때문이다.

힘의 차이에 주목하면 빈곤이 매개가 된 폭력도 다른 눈으로 보게 된다. 앞에서 예로 든 소말리아 해적과 자식을 죽인 가난한 부모의 사례를 보자. 그들은 빈곤 때문에 생존의 위험에 직면하게 된 사람들이고 자기 힘으로 빈곤을 야기한 사회 문제에 맞설 수 없는 사회적 약자다. 그런데 절대적 약자는 아니다. 각각 사로잡은 인질이나 자기 자식에게는 상대적 강자기 때문이다. 결국 상대적으로 강한 힘을 이용해 다른 사람에게 폭력을 가한 것이다. 그들에게 희생당한 사람들의 입장에 주목하면 피해와 폭력을 가져온 것은 빈곤이 아니라 힘의 차이를 악용한 그들의 선택이다. 그렇지만 그런 선택을 모두 그들의 책임으로 돌릴 수는 없다. 그들의 선택에 결정적인 영향을 준 것이 빈곤이기 때문이다. 빈곤문제를 놓고 보면 그들 또한 힘의 차이를 이용한 누군가의 폭력에 희생된 사람들이다. 그렇다면 평화는 그들을 희생시키고 폭력을 선택하게 만든 빈곤에 관심을 가져야 한다. 이렇게 희생에 초점을 맞추면 평화가 빈곤에 관심을 쏟는 이유가 분명해진다. 평화는 빈곤 자체보다 빈곤을 둘러싸

고 발생하는 다층적이고 연쇄적인 희생과 폭력에 더 관심을 가지는 것이다. 나아가 빈곤으로 인해 폭력이 정당화되는 문화가 퍼져 나가고 그로 인해 평화가 위협받는 상황을 더 경계하는 것이다.

평화의 시각에서 보면 빈곤은 희생자를 만들고 폭력문화 확산에 지대한 영향을 미치는 위험한 사회현상이다. 그래서 빈곤의 근본원인을 제거할 방안을 고민하게 된다. 그 탐색을 통해 평화가 주목하게 된 것이 바로 구조적 폭력이다.

그렇다면 빈곤 문제를 해결하려는 평화의 접근 방식은 다른 접근과 어떻게 다른가? 평화는 모든 가해에 대해서 엄격한 판단과 처벌의 잣대를 적용하지만 동시에 가해자에 대해서는 변화 가능성을 포기하지 않는다. 이것은 빈곤의 압박에 못 이겨 2차 폭력을 저지른 가해자에 대해서는 물론이고 자발적으로, 또는 압력에 의해 구조적 폭력에 가담하는 가해자에 대해서도 마찬가지다. 나아가 폭력적으로 변해버린 사회 구조에 대해서도 마찬가지다. 폭력은 결국 그들의 변화가 있어야 중단될 수 있고, 평화의 회복 또한 그들의 참여가 있어야 가능하기 때문이다. 평화가 필요로 하는 것은 구조적 폭력과 빈곤의 제거이지 특정 가해자의 제거나 사회 구조의 해체가 아니다. 그보다 가해자와 사회 구조를 평화를 위해 활동하는 방향으로 움직이는 것이다. 평화적 공존은 일부가 아니라 모두와 함께할 때 이뤄지는 것이기 때문이다.

평화를 보는 눈

—

기후변화와
총성 없는 학살

2011년 중순부터 2012년 초까지
동아프리카의 '아프리카의 뿔$^{Horn\ of\ Africa}$ ' 지역은 60년 만에 최악
의 가뭄을 겪었다. 가뭄으로 농작물은 말라버렸고 제대로 먹고
마시지 못한 가축들도 40~60퍼센트가 죽어 버렸다. 이로 인해
소말리아·지부티·에티오피아·케냐 등이 식량위기에 직면했
다. 특히 그 이전 두 해 동안 연이은 가뭄과 내전 및 정치 불안
까지 겹쳐 대응 능력이 없었던 소말리아 사람들은 아사 위기에
직면했다. 1000만 명이 넘는 사람들이 굶주리자 유엔은 30년
만에 처음으로 '기아 상태'를 선포하고 국제사회에 도움을 요청
했다. 국제사회의 긴급 지원이 이뤄졌지만 대규모 인명 피해는
막을 수가 없었다. 이때의 기근으로 5~10만 명이 목숨을 잃었
다. 그중 절반 이상은 5세 이하의 아이들이었다. 2012년에도 가
뭄은 완전히 해소되지 않았다. 1300만 명의 사람들이 기아 위기
에 처하고 수십만 명이 영양실조를 겪었다.

동아프리카 긴 가뭄의 원인에 대해서는 논란이 있었다. '아프리카 뿔' 지역은 이전에도 가뭄이 잦았기 때문에 이번 가뭄이 단지 자연적인 재해인지 아니면 기후변화의 영향인지 확실치 않았다. 그러나 2013년 영국기상청의 과학자들은 2011년 우기 동안에 가뭄이 발생한 것은 인간 영향, 다시 말해 인간이 야기한 지구온난화의 영향일 가능성이 높다고 말했다.

지구온난화로 인한 기후변화에 가장 취약한 또 다른 지역 중 하나가 남아시아의 벵골 만이다. 이 지역은 원래 사이클론이 잦았다. 그런데 기후변화의 영향으로 한층 더 강력한 재해가 발생하고 있다. 1991년 4월에 방글라데시에 닥친 대형 사이클론은 13만9000명의 목숨을 앗아갔다. 1999년 10월 인도 오디샤 주에서는 1만 명 이상이, 2007년 방글라데시에서는 6000명 이상이 사이클론으로 목숨을 잃었다. 2008년 5월 미얀마에 상륙한 초대형 사이클론 나르기스는 7만7000명의 목숨을 앗아갔고 5만5000명의 실종자를 낳았다. 1990년대 이후 발생한 사이클론을 모두 기후변화의 영향 때문이라고 단정할 수는 없다. 그러나 많은 기후 과학자들은 지구온난화로 해수 온도가 높아져 더 많은 수증기가 만들어지고, 그 결과 더 강한 사이클론이 발생했다고 말한다.

가뭄과 사이클론은 지구 환경에 자연적으로 발생하는 재해이다. 그런데 문제는 예전과는 다르게 최근에는 자연재해가 더 자주 발생하고 그 강도가 인간의 대응 능력을 뛰어넘고 있으며,

그 원인이 가속화되고 있는 지구온난화와 그로 인한 기후변화의 영향이기에 앞으로도 그런 자연재해가 더 많아질 것이라는 점이다.

사실 지구온난화와 기후변화는 과학자들 간에도 논쟁적인 주제였다. 1980년대까지 과학자들은 오히려 빙하기가 오는 것이 아니냐는 걱정을 했었다. 1940년대부터 1970년대 중반까지 지구의 온도가 전반적으로 낮아졌기 때문이다. 그런데 1980년대 말이 되자 지구의 평균 온도가 가파르게 상승했다. 과학자들은 지구가 더워지는 것을 걱정하면서도 통계 수치를 의심했다. 그러나 1990년대 중반 1000년 동안의 지구 북반구 온도 변화를 한눈에 보여주는 이른바 하키 스틱hockey stick 그래프가 등장했다. 20세기 후반부터 지구 평균온도의 상승 곡선이 마치 하키 스틱처럼 심하게 휘어진 모양의 그래프로 나타난 것이다. 그러나 지구온난화를 믿을 수 없다는 과학자들이 이에 의문을 제기했고 석탄 및 석유회사들의 로비를 받은 정치권까지 비판 대열에 합류했다. 이후 과학자들 사이에서 큰 논쟁이 벌어졌고 다양한 추가 연구가 이뤄졌다.

결론적으로 말하면 과학적 연구의 과정과 일부 세부 사항에 이견이 있을 수 있지만, 큰 틀에서 지구온난화는 부인할 수 없는 사실로 보인다. 유엔이 1988년 설립한 IPCC(기후변화정부간위원회)는 195개 나라가 회원으로 가입해 있는데 IPCC에서 내는 종합보고서는 지구온난화 및 기후변화와 관련해 가장 신뢰

받는 보고서로 인정받고 있다. 종합보고서 집필에는 전세계 수백 명의 저명한 과학자들이 자발적으로 참여한다. IPCC 보고서의 신뢰도를 높여주는 것은 역설적이게도 IPCC가 자체 연구를 진행한 후 그 결과로 바로 보고서를 쓰지 않는다는 점이다. IPCC의 종합보고서 초안이 만들어지면 수천 명의 전문가와 과학자들이 의견을 개진하고, 보고서는 그 의견들을 수렴해 수정된다. 이런 과정을 거치기 때문에 IPCC 보고서는 특정 상황에 대해 한 가지 의견만을 강조하지 않고 범위를 넓게 설정해 다양한 가능성을 제기한다. 때문에 IPCC 보고서는 지구온난화와 그로 인한 기후변화를 과대평가하지도 과소평가하지도 않고, 있는 그대로 설명하는 것으로 알려져 있다. 한편으로 이렇듯 조심스런 접근 때문에 아주 보수적이라는 평가도 받는다. 한 가지 분명한 것은 지금까지 내놓은 보고서는 항상 이전 보고서보다 매번 더 악화된 지구온난화와 기후변화 상황을 담고 있었다는 점이다.

2014년 11월에 발표된 IPCC 5차 종합보고서도 마찬가지였다. 100쪽이 넘는 긴 보고서가 담고 있는 내용은 몇 가지로 요약될 수 있다. 첫째는 지난 30년 동안 지구 온도가 지속적으로 높아졌다는 것이다. 보고서는 지구 북반구의 경우 1983~2012년 사이 온도가 지난 1400년을 통틀어 가장 높았다고 밝혔다. 둘째는 지구온난화로 인한 기후변화가 인간의 영향 때문이라는 것이다. 셋째는 기후변화로 인한 폭염·가뭄·집중호우 등의

강도가 세지고 있으며 식량·수자원·생태계에 미치는 영향이
극심하다는 것이다. 때문에 재앙을 피하려면 신속하고 과감한
대응책이 필요하다는 것이다.

동아프리카의 가뭄과 벵골 만의 사이클론 피해로 돌아가보
자. 자연재해가 벌어졌을 때 구조나 복구의 문제를 지적할 수
는 있어도 자연재해 자체에 책임을 물을 수는 없다. 하늘이나
땅을 원망할 수는 없으니까. 그러나 인간이 만든 지구온난화와
기후변화로 인해 자연재해가 더 자주, 더 큰 규모로 일어난다면
그 희생은 누구의 책임인가? 본래 생활환경이 열악하고 빈곤이
심했던 그 지역들은 잇따른 재해로 인해 괴멸적인 상태가 되었
다. 그리고 중요한 것은 그런 인간의 영향으로 인한 기후변화
에 그곳 사람들은 아무런 영향도 미치지 않았다는 것이다. 결국
그들은 자신의 책임이 아닌 일 때문에 사실상 학살을 당하고
있는 것이다.

기후변화, 폭력을 확산시키다

지구온난화와 기후변화가 1990년대 이후 등장한 문제기 때
문에 평화가 이 문제에 관심을 갖게 된 것도 오래된 일이 아니
다. 이 문제에서 평화의 관심은 크게 두 가지로 정리된다. 하나
는 기후변화로 인한 피해를 줄이는 방법이다. 다른 하나는 그
이면에 있는 폭력적 상황과 그것을 해소할 방법이다. 그런데 기

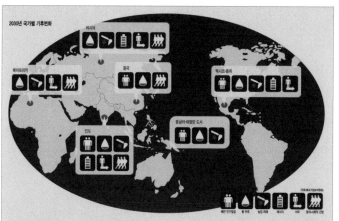

"기후변화는 대량살상무기"… 美, 외교국방전략 다시 짠다

후변화가 개입된 피해와 폭력의 상황은 결코 단순하지 않다. 먼저 피해의 측면을 보면 그 양상이 단지 자연재해로 인한 피해에 그치지 않는다. 전혀 의외의 곳에서도 피해가 생기고 기후 변화가 악화될수록 그런 피해가 확산된다. 폭력의 확산을 막기 위해서 평화는 자칫 간과될 수 있는 그런 피해에 오히려 더 관심을 가질 수밖에 없다.

9·11 테러 후 미국의 침공으로 전쟁을 겪고 있는 아프가니스탄이 직면한 가장 큰 문제 중 하나는 농부들이 아편의 원료가 되는 양귀비 재배를 포기하지 않는다는 것이다. 양귀비 재배는 텔레반을 포함한 무장세력들의 주요 수입원이 되어 전쟁을 지속시키고 있다. 그런데 농부들이 양귀비를 재배하는 데는 기후변화의 영향도 있다. 양귀비는 밀보다 물 요구량이 6분의 1밖에 안 돼서, 기후변화로 가뭄과 홍수가 극심해진 환경에서도 쉽게 재배할 수 있다. 그렇지만 양귀비 재배는 결국 전쟁을 연장시켜 다시 농부들의 삶을 힘들게 하고 있다. 아프리카 케냐 북부 지방 역시 기후변화의 영향으로 가뭄과 홍수를 번갈아 겪고 있다. 환경이 척박해지자 그곳의 부족들 간에 가축 약탈과 우물과 목초지를 둘러싼 무력 충돌이 급증하고 있다.

브라질 북동부와 멕시코 북부에서도 기후변화가 현실을 압박하고 있다. 날씨 예측이 점점 힘들어지고 극심한 가뭄과 홍수가 반복돼 농사짓기가 점점 험난해지고 있다. 기후변화와 관련된 엘니뇨˙와 적조현상으로 어획량이 감소해 어업도 힘들어졌다. 결국 많은 농부들과 어부들이 생업을 포기하고 도시로 이주했다. 고향을 떠나 이들이 정착한 곳은 실업·마약범죄·조직폭력이 만연하고 범죄 조직들 사이의 싸움과 총격이 빈번한 빈민촌이다. 그리고 상당수가 범죄와 폭력에 가담하게 된다. 결국 이들은 여기서도 폭력의 희생자 또는 가해자가 돼 살아가게 된다.

엘니뇨
적도 부근의 동태평양에서 바닷물 온도가 올라가는 현상으로 몇 년에 한 번씩 불규칙적으로 발생한다.

아프가니스탄 농부들이 양귀비를 재배하고 케냐의 부족들이 가축과 우물을 놓고 싸우는 것이 모두 기후변화 때문은 아니다. 그들은 분명 다른 선택을 할 수 있다. 그러나 환경이 척박하고 자원이 턱없이 부족한 상황에서 기후변화가 그들에게 폭력을 선택하도록 압박하는 요인 중 하나가 되고 있는 것만은 사실이다. 기후변화가 없다면 그들의 폭력적인 선택으로 인한 가해와 피해는 대폭 줄거나 존재하지 않을 것이다.

지구온난화와 기후변화의 주된 원인은 온실가스고 그중 가장 큰 영향을 미친 것이 이산화탄소다. 대기 중 이산화탄소 농도가 올라감에 따라 대기온도도 상승한 것이다. 그런데 이 이산화탄소는 주로 산업화 이후에 선진국들이 대량으로 내뿜은 것이다. 이후 그 뒤를 이어 선도적 개발도상국들이 이산화탄소 배출량을 늘리고 선진국들도 배출량을 줄이지 않으면서 이산화탄소의 농도는 갈수록 짙어졌다. 그러나 지금 기후변화가 원인이 된 자연재해의 주된 피해는 발전이 더딘 저개발국이나 빈곤국들에 집중되고 있다. 그 나라들과 그곳의 사람들은 자신의 잘못이 아닌 일로 억울한 피해를 입고 있는 셈이다. 사실 기후변화 자체는 폭력이 아니다. 그렇지만 기후변화로 억울한 피해가 늘어나는 상황은 분명 폭력적이다. 그리고 그 폭력적 상황의 중심에는 자기 이익을 위해 타인의 희생을 외면하는 세계·국가·개인이 있다.

기후정의는 어디에?

지구촌 곳곳에서 총성은 들리지 않지만 기후변화로 인한 피해가 계속되고 있다. 주목할 것은 그런 피해 대부분이 저개발국이나 빈곤국에서 발생한다는 것이다. 단순히 인명 피해만이 문제가 아니다. 자연재해로 인한 생활 터전의 상실과 생존 위협이라는 문제도 크다. 대표적으로 이재민 발생이 있다. 해마다 자연재해 때문에 일시적이나 장기적으로 고향을 떠나야 하는 사람들은 전세계적으로 수천만 명에 달한다. 피해를 야기한 자연재해의 98퍼센트가 기후변화와 관련된 것이었고 이재민의 98퍼센트는 저개발국과 빈곤국에서 발생했다.

우리나라가 극한의 기후로 인해 겪은 일은 광기 때문입니다. 우리는 이곳에서 그 광기를 멈출 수 있습니다. (…) 우리는 그것을 자연재해라 부르지 않아야 합니다. 지구온난화가 그와 같은 강력한 폭풍우를 만들 것이라는 과학적 예고가 이미 있었기에 자연재해가 아닙니다. 인간이 기후를 변화시켰기 때문에 자연재해가 아닙니다.

2013년 11월 11일, 폴란드 바르샤바에서 개최된 유엔기후회의에 참석한 필리핀 대표 엡 사노Yep Sano는 울먹이며 이렇게 말했다. 그 3일 전인 11월 8일에 초강력 태풍 하이엔이 필리핀에 불어닥쳐, 필리핀에서만 하루아침에 6000여 명이 목숨을 잃는 대참사가 일어났다. 그는 빈곤탈출과 경제개발을 위해 고군분투하고 있는 사람들에 대한 기후변화의 공격을 멈추게 하기 위해서 기후변화 대응 기금 마련에 박차를 가해야 한다고 강조했다. 그리고 세계가 기후변화로 인한 피해를 줄이기 위해 획기적인 대책에 합의할 때까지 단식하겠다고 선언했다.

이 연설은 직접 언급하지는 않았지만 두 가지 중요한 내용을 담고 있다. 하나는 기후변화로 인한 피해가 부당하게 저개발국과 빈곤국으로만 향하고 있다는 것이다. 이것은 당사자들에게는 몹시 억울한 일이다. 기후변화에 책임이 없는데도 그로 인한 자연재해로 많은 인명을 잃고 큰 재산 피해를 보고 있기 때문이다. 다른 하나는 부당한 희생을 바로잡기 위해 원인을 제공한 선진국들이 현실을 바로잡아야 한다는 것이다.

이 두 가지 내용을 한마디로 정리한 개념이 바로 기후정의 climate justice다. 정의는 과거에 누가 어떤 잘못을 저질렀는지를 밝히고 그 잘못을 바로잡는 것을 말한다. 기후정의도 누가 어떤 잘못을 해서 기후변화가 일어났는지 명확히 밝히고 잘못을 바로잡는 것을 말한다. 그러나 현실에서 기후정의는 요원하다. 선진국들의 잘못은 누구나 알고 있는 것이지만 공식적으로 인정하지 않고 있으며 잘못을 바로잡기 위한 노력도 미미한 수준이기 때문이다.

어떤 사람들은 태풍이나 가뭄의 원인이 온전히 지구온난화와 기후변화 때문은 아니기 때문에 기후정의를 논하는 것은 무리라고 주장하기도 한다. 그렇다면 해수면 상승에 의한 피해는 어떤가? 해수면 상승은 논란의 여지없이 지구온난화 때문이다. 그와 관련해서도 부당한 희생이 생기고 있다. 해수면 상승의 영향을 크게 받는 벵골 만에 위치한 방글라데시의 쿠투브디아Kutubdia 섬은 지난 20년 동안 면적이 반으로 줄었고 4만 명의 주민들이 이미 다른 곳으로 이주했다. 주변에 있는 다른 섬들과 주민들의 상황도 비슷하다. 이 지역만이 아니다. 키리바시, 투발루, 몰디브 등 작은 섬나라들은 이미 침수가 많이 진행됐고 앞으로 20~40년 안에 모두 물에 잠겨 나라가 사라질 운명에 처해 있다. 이 섬나라들은 이산화탄소 배출을 획기적으로 줄여 지구온난화 속도를 늦추고 피해를 입고 있는 나라들의 기후변화 대응을 지원하라고 애타게 호소해왔다. 그러나 선진국들의 대답은 여전히 미온적이다. 그래서 이들은 이주할 나라조차 찾지 못하고 있다. 지구온난화로 인한 희생은 늘고 있지만 잘못을 바로잡는 일은 더디기만 해서 기후정의라는 말의 존재감조차 느낄 수 없는 상황이다.

기후정의는 지구온난화 및 기후변화 문제가 단순히 과학이나 자연환경의 문제가 아니라 약자를 희생물로 삼는 불의한 일임을 강조한다. 평화는 기후정의에서 한 걸음 더 나아가 폭력의 문제를 지적한다. 피해는 저개발국과 빈곤국에 집중되고 대응능력을 갖춘 선진국은 피해를 비켜가는 현실은 기후변화가 강자가 약자에게 가하는 폭력임을 말해준다. 과거엔 선진국들조차 이산화탄소 배출의 영향을 알 수 없었다. 그러나 모든 것이 밝혀진 이후에도 잘못을 공식적으로 인정하지 않고, 이산화탄소 배출을 줄이지 않는 것은 약한 나라들에 대한 폭력일 수밖에 없다. 자신들의 경제 수준과 편안한 생활을 위해 선진국들은 약자의 목소리와 호소를 힘으로 억압하고 있는 것이다.

선진국들과 개발도상국 및 저개발국 사이에서만 희생이 발생하는 것은 아니다. 한 나라 안에서도 빈곤층이 희생되고 있다. 이산화탄소는 분명 부유층이 몇십 배, 몇백 배 더 배출하고 있는데 기후변화로 인한 폭염·폭설·한파·폭우 등의 피해는 이산화탄소 배출에 큰 책임이 없는 빈곤층이 가장 많이 입는다. 쪽방에서 폭염과 혹한을 견디는 빈곤층, 자연재해로 인한 식품 가격 인상에 타격을 받는 빈곤 가정, 폭염과 혹한에도 밖에서 종일 일하는 노동자들이 모두 그런 사람들이다. 부유층은 그런 상황에서도 에너지와 자원의 소비를 늘려 쾌적한 삶을 유지하면서 오히려 더 많은 이산화탄소를 배출한다. 한 나라 안에서도 기후변화와 관련해 불공평하고 폭력적인 관계가 존재하는 것이다.

기후평화란 무엇인가?

지구온난화 및 기후변화 문제의 배후에 있는 폭력적 상황과 기후정의의 부재를 언급하는 이유는 '기후평화'에 대한 논의를 해보기 위해서다. 평화적 관점에서는 어떤 곳에서 폭력이 발견된다면 당연히 그것을 평화로 바꿀 방법을 모색해야 한다. 그렇다면 기후평화는 어떻게 성취될 수 있을까?

기후평화를 성취하기 위해서는 우선적으로 '누구를 위한 기후평화인가?'라는 질문에 대한 답부터 찾아야 한다. 그 대답은 폭력에 대한 성찰에서부터 시작된다. 지구온난화 및 기후변화의 피해는 부당하게도 항상 약자를 향하고 약자의 희생을 계속 강요한다. 평화가 문제로 삼는 것은 결국 그러한 차별적인 희생이다. 그러므로 기후평화는 그런 희생을 줄이고 없애는 데 초점을 맞춘다. 결국 '누구를 위한 기후 평화인가?'에 대한 답은 '희생자를 위한 기후 평화'일 수밖에 없다.

지구온난화 및 기후변화는 인류 전체가 직면한 문제지만, 모든 사람들에게 똑같이 긴급한 생존 문제가 되는 것은 아니다. 경제적 여유가 있는 사람들에게는 굳이 본인이 나서지 않아도 되며, 국가나 세계 차원에서 해결해야 하는 환경문제다. 국가에게도 마찬가지다. 경제적 안정을 이룬 선진국들이나 선도적 개발도상국들에게는 장기적 계획을 세워 단계적으로 대응할 문제다. 그러나 자연재해에 고스란히 노출되는 빈곤국들과 가난한 사람들에게 이 문제는 생존의 문제고 일상의 문제다. 그런데 국내외 정치에서 약자이며 경제적 능력이 없는 그들은 그 해결책을 스스로 찾을 수 없다. 그래서 그들의 입장에서 보면 문제가

초대형 태풍 하이옌이 불
어닥친 필리핀의 참상. 기
후변화로 인해 더욱 거세
진 자연재해는 그에 대응
할 역량을 갖추지 못한
국가들에 재앙이 되고 있
다.

턱밑까지 올라왔는데도, 문제 해결의 주도권을 쥐고 있고 당
장 아쉬울 것이 없는 선진국들과 부유층은 강 건너 불구경하듯
'조금 더 두고 보자'는 식의 대응만 하고 있는 것이다. 기후평화
를 위해서는 이런 이해의 간극을 좁히고 희생자를 위한 실질적
이고 단계적인 해결책을 모색해야 한다. 기후변화와 지구온난
화가 폭력과 희생의 문제로 인식될 때 비로소 가해자에게 책임
을 물을 수 있다.

　기후평화가 지구온난화와 기후변화 문제에 대한 현실적인 답
중 하나가 될 수 있는 가능성은 기후평화의 과정에 있다. 평화
의 실천은 '당사자 참여'를 핵심으로 한다. 그것은 문제해결에
서 약자가 소외되고 배제되는 것을 막고, 나아가 약자의 목소
리와 필요가 해결책에 반영될 수 있게 하기 위해서다. 그렇지

못하면 끊임없는 분노와 반목이 만들어지고 평화의 성취가 힘들어지기 때문이다.

기후평화에서 약자의 참여는 위에서 언급한 개발도상국 및 빈곤국, 그리고 빈곤층의 참여를 말한다. 생존과 생활의 위험에 직면한 그들이 논의에 제대로 참여할 수 있다면 지구온난화 및 기후변화를 늦출 수 있는 보다 획기적이고 실질적인 대책이 마련될 수 있을 것이다. 현재 전세계 차원에서 이뤄지고 있는 지구온난화 및 기후변화 주요 대응은 온실가스 감축을 통해 상황을 완화하고 변화된 환경에 적절히 적응하는 것이다. 이 두 가지 과제는 선진국 측에서도 자신들의 환경을 개선하고 이익을 보호하기 위해 필요한 것들이다. 그러나 그들은 자신들이 만든 문제 때문에 희생당하고 있는 나라들의 기후변화 완화와 적응을 지원하는 것에는 여전히 인색하다. 그 단적인 예가 녹색기후기금Green Climate Fund이다.

유엔은 선진국들이 위험에 직면한 개발도상국들을 지원할 수 있도록 이 기금을 만들었는데 선진국들의 지원금 출연은 여전히 미미하다. 개발도상국들과 빈곤국들의 눈앞에 닥친 문제 해결을 위해 필요한 금액의 절반에도 미치지 못한다. 현재 출연을 약속한 나라들도 영국·독일·프랑스·스웨덴·네덜란드·덴마크 등 일부 유럽 국가들뿐이다. 인천 송도에 녹색기후기금 사무소를 유치한 우리나라도 사무소 활성화를 통한 경제적 이익과 체면을 고려해 약간의 출연 약속을 했다. 2020년까지 매년

1000억 달러를 조성하겠다는 녹색기후기금의 목표는 아직 계획에만 머물러 있다. 선진국들이 여전히 자국의 이익에만 몰두하고, 희생되고 있는 나라들에게는 무관심한 이런 현실은 약자들의 목소리가 국제 논의 테이블에서 힘을 발휘하지 못하는 한 변하지 않을 것이다.

기후평화는 여전히 요원하다. 원인을 제공한 선진국과 피해를 입고 있는 많은 개발도상국 및 빈곤국이 기후평화를 위해 실질적으로 협력할 수 있을지조차 현재로선 불분명하다. 그러나 기후평화는 인류가 직면한 지구온난화와 기후변화라는 초유의 도전과 위험을 극복하기 위한 중요한 목표 중 하나가 되어야 한다. 이 문제를 평화적으로 해결하지 못한다면 군사갈등·식량위기·질병확산으로까지 문제가 커지면서 세계는 지금보다 더 많은 피해와 더 심각한 대립에 직면할 것이다. 또한 가장 많이 폭력에 노출된 약자의 희생을 지속시키고 가중시키게 될 것이다. 이런 현실을 외면한다면 지구촌 다양한 국가와 집단의 평화적 공존에 대한 희망은 시간이 지날수록 옅어져 결국 소멸돼버릴지도 모른다.

제9장

평화를 보는 눈

—

비폭력,
비겁한 선택인가

2008년 6월 28일 자정 즈음, 20여 명의 사람들이 서울 광화문의 한 골목길에 나타났다. 그들은 줄지어 서더니 갑자기 길바닥에 누워버렸다. 주변에 있던 사람들이 가세해 길바닥에 누운 사람들은 금세 100여 명으로 늘어났다. 곧이어 이들을 해산시키기 위해 200여 명의 전투경찰이 나타났다. 지휘관은 아무런 해산 명령이나 사전 경고도 없이 전투경찰들에게 진압 명령을 내렸고 경찰들은 마치 별일 아니라는 듯 누운 사람들을 밟고 지나갔다. 지나가면서 방패로 사람들을 찍어 내리고 곤봉으로 때리기도 했다. 예상치 못한 경찰의 신속한 폭력 대응에 놀란 사람들이 일어나 도망치자 경찰은 쫓아가면서 방패와 곤봉을 휘둘렀다. 아홉 명이 부상을 당했고 중상자도 나왔다.

이 사람들은 YMCA가 조직한 비폭력행동단에 참여하여 미국산 소고기 수입을 반대하는 촛불집회에 나온 사람들이었다. 당시 서울 도심 광화문 일대에서는 매일 수천 명이 참여하는 촛불집회가 벌어졌다. 그런데 촛불집회가 확산되면서 경찰의 진압이 과격해졌고 시민들과 경찰의 물리적 충돌도 생겼다. YMCA는 경찰의 폭력에 맞서고 충돌을 막기 위해 비폭력적 방법으로 저항해보기로 했다. 이런 비폭력 방식은 한국 사회에서는 찾아보기 힘든 사례였다.

비폭력행동단은 아주 작은 규모에 불과했다. 참여한 사람들이 위험까지 감수하면서 감행한 일이었지만, 금세 경찰에 진압됐으며 별 사회적 관심도 받지 못했다. 심지어 촛불집회에 참여한 사람들 사이에서도 반향을 불러일으키지 못했다.

이런 점 때문에 비폭력의 효율성에 대해 사람들이 많은 의문을 제기한다. 비폭력이 좋고 아름답긴 하지만, 실제로 힘을 발휘하지는 못하는 것 아니냐는 의문이다. 사실 제정신을 가진 사람이라면 누군가에게 폭력을 가하는 것을 좋아할 리가 없다. 그렇지만 폭력이 난무하는 현실에서 비폭력은 효과가 없기에 선택할 수 없다고 한다. 더군다나 자신과 주변 사람들이 폭력에 당하고 있는데 비폭력적인 방식으로 대응한다면, 상대는 자신을 얕잡아보고 더더욱 폭력을 가할 뿐이라고 항변한다. 비폭력은 세상사를 지나치게 낭만적으로 보는 순진한 사람들의 선택일 뿐이라는 것이 많은 사람들의 생각이다. 더 나아가 폭력에 맞서고 자신을 보호하기 위해 상대적 약자가 동원한 폭력은 폭력이 아니라는 주장도 한다. 그렇지만 약자에 의한 폭력도 폭력이다. 약자의 폭력으로도 상처를 입고 목숨을 잃는 사람이 생긴다. 피해가 생겼는데 폭력이 아니라고 할 수는 없다.

비폭력의 효율성을 문제 삼는 사람들이 언급하는 또 다른 문제는 효력이 발휘되는 시간의 문제다. 긴급한 상황에서는, 폭력을 사용해서라도 문제를 빨리 해결하는 게 가장 중요할 수 있다. 예를 들어 누군가 흉기를 들고 거리 한복판에서 난동을 부릴 때는 물리적 폭력을 써서라도 빠르게 제압할 필요가 있다. 그런데 단번에 상대를 제압하기 힘든 비폭력은 보통 시간을 끌기 때문에 빨리 상황을 중단시키기 힘들다. 결국 폭력이 지속되면서 피해도 늘어날 것이다. 그러므로 비폭력은 비합리적이고 때로는 무모한 선택일 수밖에 없다는 것이다. 큰 폭력을 중단시키기 위해 상대적으로 작은 폭력이 필요하다고 말하기도 한다. 그에 비하면 비폭력은 폭력을 지속시키기 때문에 무책임하며 비효율적이라는 게 사람들이 가지고 있는 생각이다.

이쯤에서 비폭력이 무엇인지 정리할 필요가 있겠다. '비폭력'은 'nonviolence'란 영어 단어를 옮긴 말이다. 그런데 이 단어는 어쩐지 구조가 뒤집어진 것 같다. '비폭력$_{nonviolence}$'이라는 단어를 들여다보면 폭력$_{violence}$이 표준이고 비폭력은 표준이 아닌 것처럼 구성되어 있다. 그래서 폭력이 당연하고 정상적인 행동이며, 비폭력은 특별하고 비상식적인 행동이라는 의미를 전달한다. 이것은 역사가 주로 전쟁과 그에 준하는 무력 충돌에 초점을 맞추고 그런 대결과 관련된 일을 상세히 기록하고 있는 것

제주도 강정마을 해군기지 건설을 반대하며 비폭력 저항을 벌이고 있는 사람들. 경찰이 시위대를 강제로 연행하고 있다.

과 비슷하다. 그래서 역사에서는 국가나 민족 사이의 전쟁은 정상이고 평화는 우연 내지는 행운으로 비춰지기도 한다.

비폭력 운동의 선구자라 할 수 있는 마하트마 간디 또한 이점을 언급하면서 사실은 비폭력이 본질이고 폭력은 비폭력의 부정이라고 강조했다. 비폭력이 산이나 언덕처럼 아주 오랫동안 자연스럽게 인간 곁에 있어왔지만 인류는 최근에야, 그가 살았던 20세기 초반에 와서야 비폭력의 힘을 깨닫고 적극적으로 활용하기 시작했다는 것이다. 그의 이런 통찰에 귀 기울일 필요가 있다. 인류 역사는 전쟁이나 무력 충돌을 지나치게 강조해서 기록해왔지만 개별 국가 및 사회를 보면 사실 그렇지 않은 시간이 더 많았다. 전세계 어느 곳에선가는 거의 항상 전쟁이 벌어지고 있었기 때문에 인류 역사를 종합적으로 취급해 전쟁이 끊이지 않았다고 강조하지만 개별 국가와 사회에서 보면 전쟁이 없던 때가 더 많았던 것이다. 이는 인류 역사에서 폭력이 아니라 비폭력이 표준이었음을 말해준다. 다만 비폭력의 시기에는 충격적인 사건이 없었기 때문에 강한 인상을 주지 못해 인식되지 않았을 뿐이다.

'비폭력'이란 단어가 가진 뜻은 '폭력이 아닌 것'이다. 그렇지만 비폭력은 단지 폭력적인 행동을 하지 않는 것은 물론 폭력을 적극적으로 배격하고 비폭력적인 행동을 선택하는 능동적인 행동을 의미한다. 비폭력은 항상 행동을 전제로 한다.

비폭력에는 두 가지 종류가 있다. 하나는 전략적strategic 비폭력이고, 다른 하나는 원칙적principled 비폭력이다. 전략적 비폭력은 비폭력을 목적 달성을 위한 수단 또는 도구로 선택함을 의미한다. 이는 비폭력과 폭력을 가능한 선택지의 하나로 보고 상황에 따라 더 유리한 것을 우선적으로 선택한다는 얘기다. 전략적 비폭력을 선택하는 사람들은 비폭력이 성공하지 않으면 언제든지 폭력을 사용할 수 있고 그것이 결코 문제가 되지 않는다. 원칙적 비폭력은 이와 다르다. 어떤 경우에도 폭력을 거부하고 비폭력을 행동 원칙으로 삼는다. 이런 선택을 하는 사람들은 자신의 이익은 물론 생명까지 위험에 처하더라도 절대 상대에게 폭력을 쓰지 않는다.

앞에서 언급한 비폭력의 비효율성에 덧붙여 자신의 생명까지 내놓는 비폭력은 조금의 합리성도 없어 보인다. 그런데도 사람들은 왜 원칙적 비폭력을 선택하는 것일까? 두 가지 중요한 이유가 있다. 하나는 평화와 비폭력을 삶의 가치로 삼고 다른 사람에게 해를 가하는 모든 폭력을 거부하기 때문이다. 심지어 자신이 해를 입을지언정 다른 사람에게 해를 끼치는 것을 거부한다. 평화를 위해서는 폭력이 사라져야 하는데 오히려 자신이 폭력을 늘리는 데 기여하는 것은 모순이라 생각하기 때문이다.

다른 하나는 비폭력이 훨씬 효율적이고 합리적이라고 생각하기 때문이다. 많은 사람들이 비폭력을 비효율적이라 보는 것과는 정반대다. 폭력은 증오와 복수, 그리고 또 다른 폭력을 낳으며 폭력의 악순환을 가져온다. 설사 폭력이 눈앞에서 효과를 낸다 할지라도 결국에는 다른 폭력으로 이어진다는 것은 수많은 역사 속 이야기는 물론 일상의 경험에서 잘 알 수 있다. 미국의 패권에 대항하는 테러와 그 테러를 없애기 위한 미국의 전쟁이 더욱더 큰 폭력과 희생을 가져오는 것처럼 말이다. 그러므로 폭력을 선택하는 것은 평화로운 세상을 만들기 위한 최선의 길이 아니다. 그렇다면 비록 시간이 걸리고 자신이 위험해진다 하더라도 당연히 비폭력을 선택해야 한다. 무엇보다 그것이 결국 더 많은 사람들의 희생을 줄이는 길이라는 것이 비폭력을 선택하는 사람들의 생각이다.

비인간화의 거부

비폭력을 선택하는 사람들은 폭력이 발생하고 그로 인해 희생이 생기는 이유가 비인간화_{dehumanization} 때문이라고 생각한다. 비인간화란 적대하는 상대방을 인간으로 보지 않는다는 것이다. 인간으로 보지 않기 때문에 어떤 폭력도 양심의 가책 없이 저지를 수 있다. 이런 이유로 비폭력은 누군가의 인간성을 부인하고, 빼앗으며, 인간 이하로 취급하는 비인간화를 거부한다.

1994년 아프리카 중동부의 작은 나라 르완다에서 자행된 학살에서 이런 비인간화의 전형을 볼 수 있다. 4월 6일 내전 발발과 동시에 대규모 학살이 자행됐는데 그 후 100여 일 동안 약 50~100만 명 정도가 학살됐다. 사실 정확한 통계는 아직도 알 수 없으며 학살당한 사람들이 100만 명을 훨씬 넘었을 것이라는 추측도 많다. 학살의 근본원인은 투치족과 후투족이라는 두 민족 사이에 오랫동안 계속돼 온 증오와 잦은 충돌이었다.

내전이 발발하기 전 오랫동안 후투족 라디오 방송에서는 의도적으로 투치족을 인간으로서 존중받을 가치가 없고 오히려 없애야 할 '바퀴벌레'로 묘사했다. 그런 방송을 지속적으로 들으면서 후투족 사람들은 투치족 사람들을 경멸하고 벌레처럼 여기게 됐다. 실제로 후투족 사람들은 투치족 사람들을 죽이면서 사람이 아니라 사람에게 해가 되는 바퀴벌레를 없애는 것이라고 말했다. 그렇게 상대를 밟아 죽여도 될 벌레 정도로 여겼기 때문에 상상을 뛰어넘는 학살이 가능했다.

이런 비인간화는 폭력의 시작이 되며 폭력을 지속시킨다. 미움과 경멸 때문에 누군가를 비인간화하면 인간으로서 그 사람의 가치를 부인하고 결국 인간 이하의 '어떤 것'으로 취급하게 된다. 존중도 연민도 할 필요가 없기 때문에 쉽게 폭력을 가할 수 있다. 때로는 자신의 폭력을 정당화하기도 한다. 비폭력이 이런 비인간화를 거부하는 것은 당연하다. 그런데 주목할 것은 비폭력은 희생자에 대한 비인간화만을 거부하는 것이 아니라는 점이다.

대부분의 사람들은 폭력을 줄이거나 없앨 때는 반드시 가해자를 찾아내서 응징해야 한다고 생각한다. 심지어 흉악한 가해자를 처벌하고 비슷한 폭력의 재발을 막기 위해서라면 가해자의 인격을 짓밟고 사회적으로 매장시키는 극단적 방법까지 가능하다고 생각하기도 한다. 가해자에 대한 미움과 증오가 지나쳐 결국 그를 비인간화해버리는 것이다. 그렇게 되면 가해자가 희생자에게 어떤 일이라도 할 수 있었듯, 그 가해자에게도 어떤 일이라도 할 수 있게 된다.

그러나 비폭력은 폭력을 없애기 위한 목적으로 가해자에게 또 다른 폭력이 가해지는 것조차 인정하지 않는다. 상대가 누구든 폭력이 당연하다고 인정해버리면 그 사람을 인간으로 존중하지 않는 셈이기 때문이다. 그러므로 비폭력은 투치족을 학살한 후투족에 대한 비인간화도 거부한다. 그들을 그저 '악마'로 취급하게 되면, 언젠가는 그들에 대한 학살이나 폭행도 아무 양심의 가책 없이 일어날 수 있다. 이렇게 상대를 비인간화하는 걸 거부하기 때문에 때로는 자신의 목숨을 내놓는 한이 있어도 다른 사람의 생명을 빼앗는 것을 거부할 수 있는 것이다.

비폭력 저항은 힘이 있을까?

폭력에 대한 대응으로 비폭력을 선택한다는 것은 어떤 것일까? 그저 폭력에 폭력으로 되갚지 않으면 그것이 비폭력일까? 사실 여러 가지 이유로 폭력을 거부하고 폭력에 휘말리는 것을 피하려고 노력하는 사람들이 많다. 예를 들면 경찰이 시민들의 시위를 폭력 진압할 것이 예상되면 경찰에 힘으로 맞서기보단 그냥 시위에 참가하지 않을 수 있다. 이런 이들도 모두 비폭력을 선택한 것이라고 볼 수 있을까? 물론 비폭력이라는 단어의 의미에만 주목한다면 그들의 선택도 비폭력으로 볼 수 있다. 그러나 비폭력은 단순히 일회성으로 폭력을 거부하거나 회피하는 것을 의미하지 않는다. 비폭력은 곧 비폭력을 삶의 지침을 넘어 저항 수단으로 선택하는 것을 말한다. 나아가 비폭력을 폭력을 감소 또는 제거하기 위한 수단으로 삼고 적극적으로 저항 방법을 고안하고 실천하는 것을 말한다. 때문에 비폭력은 '비폭력 저항nonviolent resistance'으로 해석되기도 한다.

비폭력과 저항은 모순적인 것이라고 오해하는 사람들도 있다. 특히 한국 사회에서는 대부분의 저항이 물리적 힘을 동원한 것이었기에 그렇게 오해되곤 한다. 그러나 물리력을 사용하지 않은 저항도 가능하다. 그동안 비폭력 저항은 상대에 해를 가하지 않으면서도 불의에 강하게 저항하는 방법을 발전시켜왔다. 가장 일반적인 비폭력 저항에는 상징적인 시위나 행동, 시민 불복종, 정치적·경제적 보이콧 등이 있다. 이런 방법들은 사실 비폭력을 원칙으로 삼고 있지 않는 사람들도 상황에 따라 전략적으로 선택하는 방법이다. 다른 점이 있다면 모든 폭력을 거부하는 비폭력 저항은 상황에 관계없이 이런 방법에 전적으로 의존한다는 것이다. 그리고 당장 비폭력 저항이 효과를 내지 않는다 하더라도 결코 물리력을 동원한 저항을 고려하지 않고, 오히려 상황과 현안에 적합한 더 다양한 비폭력 저항 방법을 개발한다는 것이다.

비폭력 저항의 시초격인 간디는 많은 비폭력 저항 방법을 고안했다. 간디의 유명한 비폭력 저항 중 하나가 1930년에 있었던 소금행진salt march이다. 간디는 소금을 독점한 영국 식민지 정부가 기본 생필품인 소금에 무거운 세금을 매기자, 인도인들의 생활을 힘겹게 만드는 방식에 분노해 저항했다. 그렇지만 그 방식은 철저히 비폭력적이었다. 그는 개인의 소금 채취를 금지하는 법을 거부하고 직접 바다로 가 소금을 채취했다. 간디의 소금행진은 계속됐고 많은 사람들이 동참했다. 소금행진이 커지고 많은 사람들의 지지를 받자 영국 정부는 간디를 감옥에 가뒀다. 그러나 그를 따르던 사람들의 비폭력 저항은 계속됐다. 1930년 5월 21일, 간디가 시작한 비폭력 저항을 이어받은 사람들은 영국 식민지 정부에 저항해 다르사나의 염전에 있는 소금 창고에서 소금을 가지고 나오는 상징적 시위를 하기로 했다. 아무 무장도 하지 않은 사람들이 소금 창고로 걸어 들어갔고 영국 군인들은 이들을 무자비하게 폭행했다. 그래도 사람들은 아무런 저항도 없이 다만 앞 사람들이 쓰러지면 뒤에 있던 사람들이 앞줄로 걸어 나갈 뿐이었다. 이날 영국 군인들의 폭행 때문에 320명이 부상을 입고 두 명이 목숨을 잃었다. 이 치열하고 감동적인 비폭력 저항은 외신 기자들에 의해 전세계로 알려졌고 영국 정부에 큰 타격을 주었다. 8만 명이 감옥에 갇혔지만 사람들은 비폭력 저항을 멈추지 않았다. 영국 총독은 결국 간디를 석방했고 간디가 인도국민의회*를 대표해 인도의 자치를 논의하는 원탁회의에 참여하는 것을 승인했다.

소금행진은 영국의 식민 통치에 대한 비폭력 저항이었다. 또한 인도 경제를 지배하고 있던 영국의 경제 구조에 대한 비폭력 저항이기도 했다. 이것은 나약하고 또한 큰 위력을 발휘하기 힘든 방법은 아니었을까? 그렇지 않다. 오히려 그들은 문제가 야기한 결과가 아니라 문제의 근원이 무엇인지를 건드렸다. 또한 단순히 문제만 지적하는 것에 그치지 않고 직접 바다까지 걸어가 소금을 채취함으로써 제도의 부당함에 정면으로 부딪혔다. 물론 소금 채취는 상징적인 행동에 불과했고 실질적인 도움이 되는 건 아니었다. 그렇지만 그 행동은 많은 인도 사람들에게 영국의 지배 아래 놓인 정치·경제 구조의 부당함을 보여주고 문제를 알리는 강한 힘을 발휘했다. 때문에 수많은 사람들

인도국민회의
1885년에 설립된 정치단체로, 본래는 친영(親英) 성향이었으나 20세기에 들어서서 영국의 인도 분할 정책에 반발해 반영(反英) 운동을 주도하게 됐다. 간디와 네루가 대표적인 지도자다.
완전 자치를 표방하는 '스와라지' 운동과 인도 국산품을 사용하자는 '스와데시' 운동 등을 펼치며 인도 독립에 기여했다. 아직도 인도의 중심 정당으로 남아 있다.

이 소금 행진에 동참하고 탄압에 굴하지 않았던 것이다.

간디와 그를 따르는 사람들이 물리적 힘에 의존했다면 오히려 저항은 오래지 않아 영국 군인들에게 진압당했을 것이고 훨씬 더 많은 사람들이 희생됐을 것이다. 사람들의 참여나 지지도 금세 사라져버렸을 것이다. 비폭력에 의존한 저항이었기 때문에 소금행진은 오랫동안 계속될 수 있었고 갈수록 더 많은 사람들의 지지와 동참을 이끌어낼 수 있었다. 기꺼이 희생을 감수한 사람들의 지지와 동참 덕분에 영국은 물론 전세계 사람들의 마음을 움직일 수도 있었다. 비록 당장 인도 독립이 이뤄지지도 않았고 영국의 소금 독점이 폐지되지도 않았지만 소금행진은 영국 정부의 태도를 바꾸는데 결정적 역할을 했고 독립을 논의할 수 있는 계기를 만들었다.

소금행진은 비폭력 저항의 효과에 대한 질문에 모범 답안을 제시하는 역사적 사례다. 많은 사람들이 비폭력이 정말 효과적인 저항 수단이 될 수 있을지 의문을 제기한다. 그런데 소금행진은 비폭력 저항이 결국 옳은 선택이었음을 말해준다. 당장은 변화가 없고 희생만 생기는 것 같지만 어려움을 감내하면서도 계속할 사람들이 있는 한 비폭력 저항은 결국 좋은 성과를 낼 수 있다.

사실 우리가 알고 있는 비폭력 저항의 사례는 무수히 많다. 도보행진·삼보일배·촛불집회·플래시몹·단식 등이 우리가 봐온 것들이다. 그렇지만 사람들은 여전히 비폭력 저항에 의문을

제기한다. 가장 큰 이유는 앞에서 지적한 것처럼 즉각적인 성과를 가져오지 못한다고 생각하기 때문이다. 그런데 비폭력 저항이 성과를 내지 못하는 이유가 그것이 정말 힘이 없어서일까? 비폭력 저항이 그저 전략적으로만 선택돼 상대에게 진정성을 전달하지 못해서는 아닐까? 또 성과를 낼 때까지 꾸준히 다양한 방법으로 지속하기보다 금방 다른 폭력적인 방식에 호소해서가 아닐까? 비폭력 저항의 최우선 조건은 어떤 경우에도, 설사 자신의 안전이 위험해지더라도 절대 다른 사람을 해치는 방법에 의존하지 않는다는 진정성과 원칙이다. 그런 진정성과 원칙이 있다면 비폭력 저항은 의외로 빨리 상대의 무장을 해제하고 즉각 성과를 내기도 한다. 미국 남부 지방에서 인종차별 반대 시위에 참가한 한 흑인 남자에게 백인 남자가 칼을 들이댔다. 죽이겠다고 위협하는 백인 남자에게 흑인 남자는 "당신이 하고자 하는 일을 하시오. 어떤 일이 생기든 난 당신을 사랑하려고 노력할 것이오"라고 말했다. 그 말에 충격을 받은 백인 남자는 칼을 쥔 손을 떨기 시작했고 결국 칼을 거두고 그 자리를 떴다. 물론 흔한 일은 아니지만 진정성이 전달되면 비폭력은 이처럼 상대의 마음을 움직일 수 있다.

인간성 회복을 위한 비폭력

폭력에 직면했을 때 대부분의 사람들이 하는 선택은 크게 두 가지다. '싸우기' 아니면 '도망치기'다. 상대만큼 힘이 있을 때는 맞서 싸우기를 선택해야 하고 턱없이 힘이 모자랄 때는 도망치기를 선택할 수밖에 없다고 생각한다. 그리고 부당한 폭력에는 맞서 싸우는 것이 용감한 행동이고 도망치는 것은 비겁한 일이라고 생각한다. 많은 사람들이 비폭력을 비겁하다고 여기는 것은 그래서다. 그러나 비폭력은 도망이 아니다. 사실 비폭력은 싸움과 도망을 모두 거부한다. 비폭력의 관점에서 보면 모두가 폭력이기 때문이다. 폭력에 폭력으로 맞서는 건 스스로 폭력을 수행하는 것이고, 도망치는 것은 폭력의 힘을 인정하는 것이기 때문에 둘 다 결과적으로 폭력을 강화시키게 된다. 두 가지 모두 다른 종류의 방식으로 폭력에 대응하고 폭력을 제거할 방법을 찾지 못한 채 폭력에 굴복하는 선택이다. 그렇기 때문에 비폭력은 두 가지 모두를 거부한다.

비폭력은 절대 비겁한 사람의 선택이 될 수 없다. 폭력을 사용하는 것보다 비폭력 원칙으로 폭력에 대응하는 것이 훨씬 어려운 일이기 때문이다. 무엇보다 비폭력 원칙을 지키기 위해서는 폭력에 비폭력으로 대응만 하는 것이 아니라 궁극적으로 폭력을 멈추게 해야 한다. 간디는 영국 식민지 정부의 소금 독점과 부당한 세금 문제를 지적하기 위해 굳이 소금행진을 할 필요까진 없었다. 그는 자신의 정치적 입지와 영향력을 이용해 영국의 식민 통치와 소금과 관련된 구조적 문제를 신랄히 비판할 수 있었다. 그러나 그는 변화를 일으키기 위해 보다 강력한 저항 방법을 찾아야 했고 그 방법은 많은 이들이 동참할 수 있어야 했다. 또한 인도인들에게는 물론 영국 정부에도 진정성을 전달할 수 있고 마침내 인도의 독립을 이루는 데 기여할 수 있는 방법이어야 했다. 비폭력의 힘을 믿었던 간디는 직접 바다까지 걸어가서 소금을 채취하는 어려운 방법을 택했다. 그는 체포될 것을 예상하면서도 소금행진을 계속했고 행진 길에 있는 마을마다 들러서 사람들에게 연설을 하고 그들을 독려했다. 그것은 폭력으로부터 도망치는 비겁한 사람은 절대 할 수 없는 일이었다.

비폭력이 비겁자의 선택이 될 수 없는 또 다른 이유는 비폭력의 중요한 목표 중 하나가 인간성의 회복이기 때문이다. 앞에서 언급한 비인간화의 거부가 현재에 초점을 맞춘 것이라면 인간성의 회복은 미래에 초점을 맞춘 것이다. 비인간화의 거부는 폭력이 발생하는 상황에서 피해자와 가해자 모두의 인간성을 부정하지 않는 것을 말한다. 인간성의 회복은 피해자와 가해자 모두가 폭력적 사건으로 상실한 인간 본연의 모습을 회복하는 것을 말한다. 타인을 배려하고 공감하는 마음 말이다. 이런 인간성의 회복은 폭력이 사라진 후 피해자와 가해자가 함께 살아가는 공존의 미래를 위한 기반이 된다.

비폭력은 폭력을 제거하고 평화를 성취하는 가장 급진적이고 근본적인 방법이다. 폭력을 없애기 위해 어떤 경우에도 상대를 해치는 것을 절대 허용하지 않으며, 가장 평화적인 수단으로 평화를 이룩하려 한다. 사실 평화를 연구하고, 평화 성취를 위해 노력하는 사람들이 모두 원칙적 비폭력을 선택하지는 않는다. 그들 또한 폭력을 거부하며 비폭력이 바람직하다고 동의하지만, 제한적인 상황에서는 힘이나 무력을 사용할 수 있다고 생각한다. 이를테면, 어떤 군대가 수백수천의 생명을 학살하려고 할 때 그것을 막기 위해 군사 공격을 감행해야 하거나, 독재자의 폭력에 시달리는 사람들을 구하기 위해 군대를 파견해야 하거나, 자신을 방어하기 위해 힘을 써서 대항해야 할 상황 같은 경우 말이다.

그렇지만 그런 경우라도 힘과 무력의 사용은 제한되어야 하며 목적도 가해자의 제거가 핵심이 아니라 피해를 예방하거나 줄이는 데 맞춰야 한다는 원칙을 세운다. 이런 점에서 일시적인 무력 사용을 인정하는 평화의 노선도 비폭력과 대립되지 않는다. 다만 극단적이고 시급한 상황에서 피해자를 구하기 위해 조금이나마 가해자의 피해를 감수하는 방법을 택할 것이냐, 아니면 가해자의 작은 피해조차 허용하지 않을 것이냐가 다를 뿐이다. 원칙적 비폭력은 평화를 고민하는 많은 이들을 자극하고, 때로 선택의 기로에 섰을 때 지침을 제공해준다. 비록 평화를 추구하는 사람들이 모두 원칙적 비폭력을 선택하는 것은 아니지만, 비폭력은 평화의 중요한 가치 중 하나로 자리 잡고 있다.

평화를 보는 눈

갈등,
평화로 가는
중간 기착지

해인과 세영은 오래된 친구다. 성
인이 된 후 직장에서 만났지만 동갑내기다 보니 자연스럽게 친
구가 됐다. 수 년 후 해인은 영국 교포와 결혼을 해 영국에 자
리 잡았고 몇 년 후 세영도 영국에서 공부를 시작했다. 넉살이
좋은 세영은 영국에서 공부하는 동안 방학 때마다 해인의 집에
한 달씩 머물며 신세를 지곤 했다. 해인은 작은 집에서 남편 눈
치가 보이긴 했지만 친구와 지내는 것이 꼭 나쁘지만도 않았
다. 그리고 몇 년 후 귀국해 자리를 잡은 세영이 휴가 때 다시
해인을 방문하겠다고 전화를 했다. 해인은 농담 반, 진담 반으
로 "귀찮으니 오지 마"라고 했다. 세영은 "예전에도 내가 귀찮았
어?"라며 해인에게 화를 냈다. 결국 둘은 말다툼을 했고 그 후
몇 년째 연락 한 번 하지 않고 지내고 있다. 해인이 한국을 방
문했을 때도 세영에게 연락하지 않았고 오히려 우연히 만날까
조심하기까지 했다. 해결되지 않은 두 사람의 갈등은 그대로

남아 있다.

아무리 가까운 사이라도 살아가면서 갈등이 생기기 마련이다. 이런 종류의 갈등 이야기는 너무 흔하며 특별한 경우도 아니다. 하지만 그래도 당사자들에게는 때론 삶을 뒤흔들기도 하는 중대한 문제다.

갈등은 불편하다. 인간사회에는 항상 갈등이 있지만, 문화·민족·나이·성별을 불문하고 갈등을 쿨하게 받아들이는 사람은 아주 드물다. 그런데 사람들이 갈등을 불편하게 생각하는 이유가 무엇일까? 그것이 중대한 문제이기 때문일까? 아니다. 진짜 이유는 자기 의지대로 갈등을 다룰 수 없기 때문이다. 갈등은 자기 혼자만의 문제가 아니라 상대가 있는 문제다. 그래서 어떤 상황에서 갈등이 발생할지, 어떤 경우에 갈등이 악화될지 완벽하게 예측하는 것이 불가능하다. 위의 사례에서처럼 세영이 어떻게 반응할지 알았더라면 해인은 농담으로라도 '오지 말라'는 얘기를 하지 않았을 것이다. 이렇듯 자기가 아닌 남을 완전히 이해하는 것은 불가능하기 때문에 오해로 인한 갈등은 언제든 발생할 수 있다.

갈등이 불편한 또 다른 이유는 관계와 관련해 생기는 문제기 때문이다. 관계가 없는, 다시 말해 서로 영향을 주고받지 않는 완전한 타인들 사이에서는 갈등이 일어날 이유가 없다. 갈등은 이미 존재하는 관계 안에서 일어나며, 아주 좋았던 혹은 '좋아야 하는' 관계를 헝클어놓는다. 그것은 곧 삶의 삐걱거림으로 이어진다. 갈등의 관계성은 갈등 당사자들이 상호의존적일 수밖에 없음을 말해준다. 자기 삶의 질과 내용이 상대의 대응과 결정에 직접 영향을 받는 것이다. 그러니 결국 반목하는 상대와 함께 갈등을 대면하고 씨름해야만 문제를 풀 수 있다. 이 때문에 갈등이 불편한 것이다.

갈등은 불편하긴 하지만 부정적인 것은 아니다. 갈등은 오히려 사람 사는 사회에서 발생하는 자연스런 일이고, 당사자들에게 관계 개선과 발전의 기회를 제공한다. 해인이 세영에게 농담처럼 오지 말라고 얘기했을 때 솔직히 그 마음 한구석에는 아무리 친구라도 결국 손님인 세영이 너무 오래 머무는 것에 대한 불편함이 있었다. 해인이 그런 불편함을 잘 설명하고 짧게 방문해달라고 했다면, 또는 세영이 해인에게 솔직한 생각을 물었다면 둘은 오히려 서로를 이해하게 될 수도 있었을 것이다. 말다툼을 한 이후에도 둘 중 한 명이 먼저 연락을 해 대화를 시도했다면 오랜 친구인 두 사람이 절연 지경에 이르지는 않았을 것이다. 결국 두 사람 사이에서 문제는 갈등이 아니라 갈등에 대응하는 방식이었던 것이다.

그렇다면 심각한 사회 갈등도 기회가 될 수 있을까? 사회 집단들 사이에 반목과 분열을 일으키는 갈등이 사회 발전의 기회가 될 수 있다는 생각은 너무 순진한 것이 아닐까? 나아가 무장 갈등은 어떤가? 서로 죽이는 무장 갈등도 기회가 될 수 있을까? 이에 대한 대답은 위에서와 같다. 사회 갈등이든 무장 갈등이든 갈등의 발생은 자연스런 것이다. 서로 다른 가치관을 가지고 각자의 이익을 추구하는 다양한 개인과 집단이 사회에 존재하는 한 갈등은 언제든 일어날 수 있다. 밖으로 표출된 갈등은 사회 구조와 다양한 개인 및 집단의 사회적 관계에 문제가 있음을 알려주는 신호다. 이런 문제가 갈등으로 표출되지 않도록 영원히 억압하는 것은 불가능하다. 사실 인간 사회는 지금까지 이런 갈등 속에서 발전돼왔다. 그러므로 사회 갈등이나 무장 갈등 역시 갈등 자체가 아니라, 대결과 상호파괴로 치닫는 대응 방식과 갈등을 조기에 해결하지 못하는 사회적 역량 부족이 진짜 문제인 것이다.

한국의 사회 갈등은 아주 심각한 수준이다. 지난 수십 년 동안 축적돼온 갈등이 해결되지 못한 채 새로 등장한 갈등이 더해지면서 한국사회는 '갈등 공화국'이 됐다. 한국의 사회 갈등은 크게 두 가지 특징을 가지고 있다. 하나는 공공 갈등, 다시 말해 정부와 다양한 공공기관의 정책 및 사업시행과 관련된 갈등이 가장 많다는 것이다. 때문에 사회 갈등의 가장 큰 당사자는 정부나 공공기관이고 그들의 상대는 문제를 제기하는 국민들이다. 정부나 공공기관은 국민들을 정책 실행의 장애물로 여기고 국민들과 대립하는 경우가 많다.

다른 하나는 그러한 갈등이 구조적 문제에서 비롯되는 경우가 흔하다는 것이다. 가장 두드러진 구조적 문제는 정부와 공공기관의 일방적 결정과 정책의 강제 실행이다. 4대강사업처럼 정부와 공공기관이 월등한 힘을 이용해 국민이 반대하는 정책을 밀어붙이는 경우가 대표적이다. 이런 두 가지 특징은 많은 사회 갈등이 정부 및 공공기관과 국민들 사이의 힘의 불균형 때문에 발생한다는 걸 말해준다. 한국사회의 공공 구조는 여전히 폭력적인 경우가 많으며, 많은 사회 갈등이 이런 폭력적 구조 때문에 발생한다.

폭력적 구조, 갈등, 그리고 평화

갈등을 이해할 때 가장 눈여겨봐야 할 것은 근본원인이다. 특별히 평화가 가장 관심을 두는 부분은 가장 심각한 근본원인이지만 잘 드러나지 않는 폭력적 구조다. 해인과 세영의 갈등은 순전히 개인 관계에서 생긴 것으로 거기엔 폭력적 구조가 개입하지 않은 것으로 보인다. 그러나 만일 해인이 가부장적인 남편 또는 시댁의 눈치를 보느라 세영의 방문을 꺼린 것이었다면 갈등의 근본원인은 가족 내의 폭력적 구조 및 문화라 할 수 있다. 언뜻 보면 개인의 문제인 것 같은 많은 갈등도 사실은 이런 구조적 문제에 뿌리가 있는 경우가 많다. 한편으로 주로 집단 사이에 발생하는 사회 갈등의 경우에는 폭력적 구조가 갈등의 발생과 전개를 좌우한다.

폭력적 구조를 이해하기 위해서는 우선 두 가지 선입견을 극복해야 한다. 첫번째는 합법적인 구조는 폭력적이지 않을 것이라는 생각이다. 모든 사회에 존재하는 구조는 본질적으로 법적·문화적 정당성을 확보한 것이다. 그렇지만 모든 구조는 폭력적으로 변질될 수 있다. 가족·회사·국가 등 모든 사회집단 내에서 구성원들 사이에는 힘의 차이가 존재하기 때문이다. 그 안에서 힘의 차이를 이용해 자신의 생각과 이익을 강요할 가능성은 언제든 있다. 그러므로 구조가 폭력적이 되는 이유는 법적·문화적으로 정당성을 인정받은 것과는 상관없이 힘의 차이가 구조에 영향을 미치는 것을 사회가 효과적으로 차단하지 못하기 때문이다.

극복해야 할 두번째 선입견은 첫번째 것과 대조적으로 모든 구조는 폭력적이라는 생각이다. 구조는 사회에서 불가피하게 필요한 것이고 구조 자체가 폭력적인 것은 아니다. 그러나 구성원들의 동의와 지지에 근거하지 않고서, 일부 권한을 지닌 개인이나 집단이 구조를 악용할 때 폭력적이 된다. 거기에는 여러가지 이유가 있겠지만 그런 폭력적 변질과 운영을 허용하는 사회 전체의 역량 부족이 가장 큰 문제일 것이다. 그러므로 문제는 구조 그 자체가 아니라 폭력적으로 변질된 구조고 그것을 승인하고 방치하는 사회다.

폭력적 구조는 약한 구성원들을 억압하고 그들의 이익을 빼앗으며 강한 구성원들의 이익을 위해 약한 구성원들의 희생을 강요한다. 폭력적 구조에 희생되는 사람들은 힘이 부족하기 때문에 어느 수준까지는 참지만 극한에 다다르면 저항하게 된다.

바로 갈등이 시작되는 것이다. 한국의 사회 갈등에서도 자주 나타나는 현상이다.

밀양송전탑 건설 갈등 사례를 보자. 밀양의 농촌 지역을 가로지르는 대형 송전탑을 건설하는 문제를 놓고 정부와 한국전력, 그리고 주민들은 심한 대립을 했다. 정부와 한전의 기본 입장은 송전탑 건설이 공공사업이기 때문에 주민들 개인의 이익이 희생되더라도 강행할 수밖에 없다는 것이었다. 주민들은 자신들 의사를 무시하고 일방적으로 결정해 실행해서는 안 되며 자신들의 희생을 강요하는 것은 부당하다는 입장이었다. 이 대립은 기본적으로 주민들보다 힘이 월등한 정부가 일방적으로 정책을 결정하고 그에 따른 희생을 강요하는 폭력적 구조 때문에 발생했다. 여기에는 밀양의 농민들보다 전력을 대량 소비하는 도시 주민들의 편의가 우선시되는 왜곡된 힘의 관계도 한몫했다고 볼 수 있다. 어쨌든 그런 이유로 갈등은 발생했다. 앞서 말했듯 갈등은 자연스러운 것이고 어떻게 해결되느냐에 따라 더 나은 관계를 만드는 계기가 될 수도 있다. 그러나 정부는 폭력적인 구조를 그대로 이용해 주민들의 반대 의견을 공공이익에 반하는 집단적 이기주의로 몰아갔다. 그리고 갈등을 구조적 문제에서 비롯된 것이 아니라 개인의 이기적 판단과 미숙한 소통의 문제로 취급했다. 구조가 가진 폭력성과 결정 과정의 문제를 숨기고 갈등의 책임을 개인에게 돌리려 할수록 이기적 개인과 소통의 문제가 자주 강조된다.

한전, 사업초기 주민과 대안협의 외면해 사태 키워

갈등을 상대방과 정면으로 마주앉아 해결하지 않고, 방치하거나 일방적으로 밀고 나가게 되면 결국 더 큰 문제가 발생한다. 밀양 송전탑 건설에서도 정부기관의 일방적 사업 추진은 주민들을 희생시키는 폭력을 낳았다.(한겨레, 2014년 6월 12일)

그러면 갈등을 해결하기 위한 평화의 기본 접근은 무엇일까? 갈등을 특별한 한 개인의 소통 문제로 취급하는 구조의 폭력성을 드러내고, 그로 인해 생긴 갈등은 개인의 책임이 아니라 사회 전체의 책임이지만, 사회적으로 힘이 없는 개인 또는 집단이 희생되고 있음을 강조하는 것이다. 이런 접근이 필요한 이유는 폭력적 구조가 만드는 희생을 밝히고, 갈등을 해결하는 과정에서 희생자의 요구를 반영할 수 있게 하기 위해서다.

폭력적 구조에서 비롯된 갈등은 평화의 눈을 필요로 한다. 물론 폭력적 구조에서 비롯된 갈등만이 평화의 문제는 아니며 개인의 관계와 소통 방식에서 비롯된 갈등 또한 외면해서는 안 된다. 그럼에도 평화가 특별히 폭력적 구조에서 비롯된 갈등에 주목하는 이유는 그렇게 형성된 갈등이 사회 집단들 사이의 대립과 반목을 형성하고, 결과적으로 다양한 구성원들의 평화적 공존을 불가능하게 만들기 때문이다. 한마디로 평화로운 세상을 만드는 데 해가 되기 때문이다.

　폭력적 구조, 갈등 그리고 평화는 일련의 과정이다. 갈등은 폭력적 구조에서 비롯되고 그런 갈등의 지속은 평화를 깨거나 평화의 성취를 어렵게 한다. 그렇지만 세 가지 상황이 자동적으로 다음 단계로 넘어가는 건 아니다. 다시 말해 폭력적 구조가 반드시 갈등을 낳고, 갈등을 겪으면 반드시 평화를 이룰 수 있는 건 아니라는 얘기다. 각 상황 사이에서 무수한 반복이 이뤄지기도 하고 건너뛰기도 한다. 또는 그 과정 속에서 자연스럽게 다른 갈등 상황에 보다 잘 대응할 수 있게끔 역량이 형성되기도 한다. 그야말로 갈등이 기회가 되는 것이다. 다른 어떤 경우보다 평화를 목표로 할 때 갈등의 이런 긍정적 역할을 찾아내고 활용할 수 있다.

방치와 봉합의 폭력

　2013년 5월 서울시 용산구에 화상경마장이 들어선다는 소식을 듣고 지역 주민들이 강하게 반대하면서 화상경마장을 운영하는 한국마사회와 지역 주민들 사이의 갈등이 시작됐다. 아무래도 경마장에는 도박에 빠진 사람들이 많이 드나들 것이다. 주민들은 화상경마장이 특별히 주변에 있는 중학교와 고등학교의 교육환경에 좋지 않으며 생활환경도 나빠진다며 개장을 반대했다. 그러나 한국마사회는 법적으로 문제가 없다며 주민들의 반대를 무시하고 2014년 6월 화상경마장을 개장했다.

한국마사회는 이전에 순천과 원주에서도 화상경마장을 개장하려다 주민들과 갈등을 겪었다. 두 곳 모두 주민들의 격렬한 반대 때문에 갈등이 생겼다. 수년의 갈등을 겪은 후 농림부는 결국 화상경마장 승인을 취소했고 한국마사회도 그 결정에 따랐다. 화상경마장 운영과 관련해서도 한국마사회는 곳곳에서 지역 주민들과 갈등을 겪고 있다. 화상경마장 때문에 생활환경이 훼손되고 주민들의 안전이 위협받으며 도박 중독에 빠지는 사람들도 늘고 있다는 민원도 한 해 수십 건씩 제기되고 있다. 그렇지만 화상경마장 운영으로 큰 수익을 얻고 있는 한국마사회는 합법성을 들이대며 주민들의 문제 제기를 묵살해오고 있다.

여기서 주목할 것은 한국마사회와 소관 부처인 농림부의 갈등 대응 방식이다. 두 공공기관은 갈등을 해결하는 것이 아니라 방치하고 봉합하는 태도를 취해왔다. 지역 주민들이 문제를 제기하는 이유, 즉 갈등의 근본원인을 다루지 않고 한 곳에서 주민들의 반대가 극심해지면 포기하고 다른 곳으로 이동했다. 이미 운영중인 화상경마장 인근에 사는 주민들의 민원도 결국 같은 문제인데 제대로 대응하지 않았다.

갈등의 방치와 봉합은 흔히 상대적으로 힘이 강한 쪽이 시도

한다. 상대의 격렬한 반대에 부딪혔을 때 갈등의 근본원인을 다루지 않고 한발 후퇴하는 것이 가장 흔한 방식이다. 이는 상대의 의견을 수용하고 자신의 이익을 포기하는 것처럼 보이지만 사실은 다른 기회를 얻기 위해 전략상 잠시 후퇴하는 것일 뿐이다. 갈등의 방치와 봉합이 가져오는 가장 큰 문제는 원인은 여전히 그대로 있기 때문에 언제든지 비슷한 갈등이 재현된다는 것이다. 갈등이 더욱 악화되거나 다른 갈등으로 변형돼 나타나기도 한다. 위의 사례가 그렇다. 두 기관은 화상경마장의 문제점은 그대로이기 때문에 주민들의 저항이 극심한 곳에서만 개장을 취소했다. 갈등은 봉합됐지만 화상경마장이 가지고 있는 근본적인 문제를 다루지 않았기 때문에 결국 다른 곳에서, 즉 용산에서 같은 갈등이 발생했다. 한국마사회가 이전의 갈등을 제대로 해결했다면 같은 갈등이 반복되지는 않았을 것이다. 주민들의 불만과 필요를 이해하고 반대를 고려해 화상경마장 입지를 정했을 것이기 때문이다.

갈등이 꼭 해결되지 않아도 어떤 식으로든 일단락된다면 갈등이 지속되는 것보다는 나은 일이라고 생각하는 사람들도 있다. 또한 갈등의 속을 다 드러내서 문제를 더 복잡하고 시끄럽게 만드는 것보다는 방치하거나 적당히 봉합하는 것이 나은 선택이라고 생각하기도 한다. 그러나 방치와 봉합은 문제를 잠시 미루는 것일 뿐 합리적인 선택이 될 수 없다.

갈등이 개인과 집단의 발전을 위해 긍정적 역할을 할 수 있다는 것은 해결이 된다는 걸 전제로 했을 때다. 해결이 되지 않는 다면 반대로 대립은 더 심해지고, 폭력적 구조는 강화된다. 나아가 갈등에 직간접적으로 관계된 사회 구성원들의 관계도 악화된다. 그러나 위의 사례가 보여주는 것처럼 갈등을 해결하려 하지 않고, 갈등이 안고 있는 복잡한 문제들을 숨기고 표출을 억눌러 중단시키려는 접근이 흔하게 이뤄지고 있다.

갈등의 해결은 봉합과는 본질적으로 다르다. 가장 큰 차별점은 봉합이 골치 아픈 문제를 보지 않기 위해 겉을 꿰매버린다면 해결은 보이지 않는 문제까지 끄집어내 갈등의 진원지를 밝히고 당사자들이 원하는 것을 찾아낸다는 점이다. 이것은 당연한 일처럼 보이지만 실제 갈등을 다룰 때는 쉽지 않은 일이다. 갈등을 해결하려는 접근이 힘든 이유는 폭력적 구조에서 이득을 얻고 힘의 우위를 유지하려는 당사자가 있기 때문이다. 그래서 갈등의 근본원인을 건드리지 않고 다만 표면적 문제들만 다루려고 한다. 농림부와 한국마사회가 화상경마장의 근본문제를 다루지 않고 장소만 옮겨가며 개장하는 것처럼 말이다. 그렇지만 근본원인을 해결하지 않으면 갈등의 해결은 어려워지고 오히려 악화되기만 한다. 해인과 세영이 갈등을 해결하지 않고 방치한 탓에 오랜 우정도 끊어졌듯이 말이다.

갈등의 방치와 봉합은 상대적 강자가 시도할 때 그 자체로 폭력이 된다. 힘을 이용해 상대적 약자의 생존과 생활의 필요를 외면하고 결국 강자에게는 유리하지만 약자에게는 불리한 환경을 지속시키기 때문이다.

갈등은 잘만 해결되면 잘못된 관계와 구조를 변화시키는 기회가 된다. 그러나 갈등의 방치와 봉합은 반대로 관계를 파괴하고 폭력적 구조를 강화시키는 결과를 가져온다. 갈등이 폭력을 극복하고 평화로 가는 중간 기착지가 되기 위해서는 갈등을 적극적으로 해결하려는 용기가 필요하다.

갈등의 평화적 해결

갈등을 '평화적으로 해결'한다는 말은 두 가지 의미를 가지고 있다. 하나는 폭력적 방법을 사용하지 않고 갈등을 해결한다는 의미다. 여기서 말하는 '폭력'에는 물리적 폭력은 물론 권한·정보·인맥 등 다양한 힘과 폭력적인 구조를 이용해 상대적 약자를 억압하고 원치 않는 일을 강요하는 것까지 포함된다. 그러므로 평화적 해결은 대화와 자발적인 합의를 통해 갈등을 해결하는 것을 말한다. 지나치게 이상적으로 보일지라도 사실은 가장 현실적인 접근이다. '평화'라는 가치와 궁극적 목표를 지지하지 않더라도 이 접근은 갈등을 가장 잘 해결할 수 있고 재발을 막을 수 있는 최선의 방법이다.

또 다른 하나는 갈등의 원인이 된 왜곡된 관계와 폭력적인 사회 구조를 바꾼다는 의미다. 교실에서 힘이 있는 친구가 힘이 없는 친구를 괴롭히고 마구 부려먹는다고 하자. 교사가 그 사실을 알게 돼서, 둘을 다른 반으로 떨어뜨려 놓았다. 그렇게 해도 당장의 문제는 해결된다. 하지만 힘이 있는 친구는 다른 반에 가서도 다른 학생을 괴롭힐 수 있으며, 힘이 없는 친구 역시 같은 일을 또 겪을 수 있다. 학생들 사이의 왜곡된 관계와 서열이 정해진 교실의 구조를 바꾸지 않는다면 근본적으로 문제가 해결되지 않는다. 이런 관계와 구조를 바꿔서 비슷한 갈등의 재발을 막는 건 쉬운 일이 아니지만, 평화를 만들기 위해서는 필수적인 일이다.

그렇다면 갈등을 평화적으로 해결하기 위해서 어떤 구체적인 방법이 적용될 수 있을까? 몇 가지 기본적인 원칙이 있다. 첫번째는 당사자들이 갈등을 해결해야 한다는 것이다. 재판에서는 제3자가 문제를 판단하고 최종 결정을 내려준다. 그러면 한쪽은 지고 다른 쪽은 이기는 결과가 생긴다. 이것은 모두에게 바람직한 해결책이 되지 못할 뿐만 아니라 당사자들 사이의 적대감을 높이고 관계를 파괴한다. 그렇지만 당사자들의 직접 해결은 이기고 지는 결과를 낳지 않는다. 어쨌든 모두가 동의해야 해결책이 마련될 수 있기 때문이다.

두번째는 대화로 갈등을 해결해야 한다는 것이다. 당사자들이 만나서 각자 자신의 입장과 필요를 밝히고 상대의 입장과 필요도 들어야 한다. 갈등은 상호의존적인 관계 사이에서 벌어지기 때문에 반드시 대화를 해야 하지만 갈등 당사자 간의 대화는 말처럼 쉽지 않다. 힘의 불균형이 심하다면 더욱 힘들다.

10장 갈등,
평화로 가는
중간 기착지

그런 경우에는 제3자가 당사자들이 대화를 할 수 있도록 도와주는 역할을 해야 한다.

세번째는 당사자들이 직접 합의로 갈등을 해결해야 한다는 것이다. 이것은 당연하면서도 가장 어려운 일이다. 애초에 합의를 할 수 있었다면 갈등이 생기지도 않았을 것이니 말이다. 그래서 필요한 것이 협력작업collaboration이다. 해결 과정의 처음부터 끝까지 당사자들이 함께 갈등을 분석하고, 이해하고, 여러 해결책을 나열해보고, 그중 불가능한 것은 하나씩 제거해가는 작업을 하는 것이다. 이런 단계적 과정을 통해 당사자들은 자신의 생각을 정리하고 상대의 필요를 이해하게 된다. 이렇게 해서 해결책에 합의하면 관계와 구조의 변화도 자연스럽게 뒤따르게 될 가능성이 높다. 설사 합의를 하지 못하더라도 상호 적대감이 줄어드는 효과를 볼 수 있다.

지금까지 폭력·갈등·평화의 관계를 설명했지만 갈등의 뿌리에 항상 폭력이 있는 것은 아니다. 앞서 해인과 세영의 사례에서처럼 단순한 오해와 의사소통 부족에서 발생하는 갈등도 많다. 그러나 많은 갈등이 개인이나 집단 사이의 힘의 불균형, 강요와 억압, 폭력적 구조의 악용 등에서 비롯되는 것이 사실이다. 그리고 그런 갈등에서 가장 큰 희생을 치르는 것은 항상 약자다. 그렇다고 그 약자가 힘을 키워 강자가 되고, 상대와 맞서면 갈등이 해결되는 것일까? 그렇지 않다. 비뚤어진 관계와 폭력적 구조가 변하지 않는다면, 같은 갈등이 반복될 것이며, 새로운 상대적 약자가 희생될 것이다. 그래서 폭력에 뿌리를 둔 갈등은 반드시 평화적으로 해결돼야 한다. 그래야만 폭력-갈등-평화로의 진행이 이뤄질 수 있고 갈등이 평화로 가는 중간 기착지가 될 수 있다.

평화를 보는 눈

용서와 화해,
평화적 공존으로
가는 길

비 온 뒤 땅이 굳는다는 말이 있듯이 갈등 뒤에는 더 나은 관계가 만들어질 수 있다. 비가 갈등이라면 땅을 굳히는 과정에 해당하는 것이 용서와 화해다. 남아프리카공화국의 사례는 갈등을 딛고 미래의 평화적 공존을 이뤄내는 데 용서와 화해가 얼마나 중요한 역할을 하는지 잘 보여준다.

남아공에서는 1950년부터 아파르트헤이트Apartheid라는 이름의 인종차별 정책이 실시되었다. 철저한 흑백분리와 혹독한 인종차별로, 전체 인구의 15퍼센트 정도에 불과한 백인들이 나머지 흑인들을 사실상 지배하고 있었다. 1960년부터 이에 저항한 흑인 정치세력의 무장 투쟁이 시작됐고 오랜 정치 투쟁과 대립으로 남아공은 폭력이 난무하는 사회가 됐다. 흑백 갈등뿐만 아니라 생각이 다른 흑인 저항 단체들 사이에서도 숱한 피가 흘렀다. 흑인들의 기나긴 저항과 국제사회의 경제 제재 및 압력으로 아파르트헤이트는 1990년대 들어 서서히 폐지됐다. 1994년 아프리카민족회의ANC가 총선에서 승리하고 넬슨 만델라Nelson Mandela가 최초의 흑인 대통령이 되면서 아파르트헤이트는 역사 속으로 사라졌다. 그리고 남아공 정부는 분열되어 있던 국민들 사이의 화해를 도모하기 위해서 진실과화해위원회Truth and Reconciliation Commission를 설치했다.

1995년 제정된 국가통합화해촉진법에 따라 설치된 진실과화해위원회의 임무는 아파르트헤이트가 실시되던 1960~1994년 사이에 일어난 폭력 사건들의 진실을 밝히고, 인권유린과 관련된 범죄를 기록하며, 타당할 경우 피해자에게 배상을 하고 가해자에게 사면을 허락하는 것이었다. 진실과화해위원회는 특별 법정 형태로 운영됐으며 해당된 기간 동안 일어난 사건으로 피해를 받은 사람이라면 누구나 위원회에 신청해 자신의 피해를 호소할 수 있었고, 가해자는 진실을 모두 밝히고 사면을 요청할 수 있었다. 사면위원회는 가해가 개인적 이유가 아닌 정치적 동기로 이뤄졌고 가해자가 모든 진실을 말했다는 두 가지 조건이 동시에 충족되면 사면을 허락했다. 1996~1998년 전국적으로 청문회가 진행돼서 총 7112건의 사면 청원이 제기됐고, 그중 849건에 대해 사면이 허락됐다.

진실과화해위원회는 당시 남아공이 당면한 가장 중대한 사회 현안을 다루기 위한 특단의 조치였다. 수십 년 동안 지속된 백인 정권의 혹독한 인종차별 정책으로 나라는 완전히 피폐

11장 용서와 화해, 평화적 공존으로 가는 길

해졌다. 형식적으로 인종갈등은 종식됐지만 실제적으로 백인과 흑인이 동등한 권리를 가진 국민으로서 같이 살 준비는 전혀 되어있지 않았다. 그뿐만이 아니었다. 인종차별에 저항하는 많은 흑인 저항세력이 만들어지면서 그들 사이에 벌어진 대립과 무력충돌, 범죄, 인권 유린 사건들도 전혀 해결되지 않았다. 때문에 정부와 경찰부터 정당과 저항세력에 이르기까지 사회 전체가 여전히 폭력적인 습성에서 벗어나지 못했고 대부분의 국민들이 폭력의 가해자거나 동시에 피해자였다. 정권 교체가 이뤄졌지만 수많은 가해와 피해가 제대로 밝혀지지 않은 상황에서 과거를 다루지 않고는 국가 차원에서 미래를 장담할 수 없는 상황이었다.

이런 현실을 극복하기 위해 설치된 진실과화해위원회의 활동 중 특별히 관심을 끈 것은 당연히 사면위원회였다. 사면 문제는 전세계적으로 비난과 칭송을 동시에 받았다. 비난의 이유는 살인·방화·약탈 등 극악한 범죄까지 사면해준다는 것은 상식적으로 이해할 수 없는 일이었기 때문이다. 그러나 남아공 정부의 판단은 달랐다. 과거 정치적 탄압에 가담한 사람이나 그에 저항한 사람이나 수많은 국민들이 가해에 동참했다. 또한 그 과정에서 무고한 사람들이 많이 희생되었다. 서로 피해와 가해가 얽혀 있는 상황에서 가장 현명한 방법은 진실을 확실히 밝히고, 타당한 경우 가해자에게 사면을 허락하며, 피해자에게 배상을 해주는 것이었다. 그리고 대부분의 국민들도 그것이 새로운 정

"잊지는 않지만 용서한다" 백인들 끌어안은 '화합의 정치가'

그가 남긴 발언과 유산들

'흑백 평화공존' 균열 우려… 빈부격차·갈등 요소 해결 급선무

구심점 사라진 남아공 어디로 가나

세 번의 결혼

넬슨 만델라는 백인정권으로부터 오랜 기간 탄압을 받았지만, 대통령이 된 이후에는 국가의 분열을 막기 위해 용서와 화해에 중점을 두는 정책을 폈다. 이런 정책 아래서 과거의 가해자는 진실을 고백하고 잘못을 빌면 사면될 수 있었다. 그로써 만델라는 남아공에서 사회 통합의 기반을 마련했다.
(경향신문, 2013년 12월 6일)

치 사회 환경에서 공존을 위해 화해의 명분을 찾아야 하는 자신들에게 가장 현명한 선택이라고 생각했다.

갈등이 끝나면 당연히 화해가 올 것을 기대하게 된다. 그러나 갈등의 종식이 자동적으로 화해로 연결되는 것은 아니다. 당사자들의 합의로 갈등이 끝났다는 건 보통 문제의 해결을 의미하지만, 그렇다고 반드시 관계가 회복되는 건 아니다. 물론 갈등을 해결하는 과정에서 관계 회복의 문제를 다루었다면, 갈등의 종식과 동시에 화해도 이뤄질 수 있다. 그렇지 않다면 화해에는 이후 별도의 노력이 필요하다. 그러나 화해는 선택의 문제가 아니다. 관계의 회복과 화해가 이뤄지지 않으면 향후 비슷한 갈등이 재연될 수 있고, 나아가 원만하고 평화롭게 공존하는 것이 불가능하다. 그러므로 갈등의 해결과 화해는 갈등을 겪는 사람들에게 분리된 목표가 아니라 순차적으로 다뤄야 할 과제이다.

남아공이 진실과화해위원회를 설치한 이유도 다르지 않다. 진실과화해위원회를 설치하지 않았다면 백인 정권에서 흑인 정권으로의 교체가 원만하게 이뤄지지 않고 많은 사람들이 과거의 증오와 반목에 사로잡혀 복수를 다짐했을지 모른다. 그러면 평화는 오지 않는다. 그러나 국가 차원에서 모든 사람들에게 공개 청문회를 통해 자신의 진실을 말할 기회를 주고, 전 국민의 판단을 받게 하며, 적절한 사면·배상·복권 등으로 과거를 정리하게 해줌으로써 화해의 발판이 마련될 수 있었다. 국민들 사이의 화해가 절실히 필요했던 국가가 과거의 폭력으로 인한 상처를 공유하고 치유할 수 있는 장을 마련한 것이다. 이것은 국민들 사이, 특히 가해자와 피해자 사이의 관계를 재정립하고 새로운 관계를 만들려는 것을 의미했다. 그리고 새로운 관계 위에서 같이 살 길을 모색하려는 시도였다.

용서, 그 어려움에 대하여

그렇지만 문제는 용서다. 화해를 하려면 일단 상대를 용서해야 하는데, 잘못을 저지른 사람을 어떻게 쉽게 용서할 수 있을까? 영화 〈밀양〉은 이런 용서의 어려움을 잘 보여준다.

신애는 교통사고로 남편을 잃고 여섯 살 아들을 데리고 남편의 고향으로 내려간다. 새로운 환경에 웬만큼 적응했을 무렵의 어느 날, 아들이 다니던 웅변학원 원장이 돈을 목적으로 아들을 납치한 후 살해한다. 그 후 신애는 지옥 같은 날들을 보내다 우연히 교회에 나가게 된다. 극도의 절망과 슬픔으로 휘청대다 위안을 얻게 된 신애는 교회 사람들과 어울리고 신앙에 의존하면서 점차 평범한 일상을 회복한다. 어느 날 신애는 진짜 신앙인이 되기 위해서는 아들을 살해한 범인을 용서해야 한다는 생각에 도달하게 되고 교도소에 있는 범인에게 면회를 간다. 그녀는 신앙생활로 자신에게 일어난 변화와 신앙의 힘으로 비로소 가해자인 상대를 마주할 용기가 생겼다고 힘겹게 얘기한다.

그런데 가해자는 전혀 예상하지도 못한 대답을 한다. 자신도 기독교 신앙을 가지게 됐는데 같은 신앙인이라니 반갑다는 것이다. 그리고 자신은 이미 하나님께 잘못을 회개하고 용서를 받아 마음의 평안을 얻었다고 말한다. 이제는 하루하루가 감사하고 신애를 위해서도 기도하고 있다는 말까지 덧붙인다. 신애는 충격을 받아 기절하고 만다. 몇 날 며칠을 절망 가운데 보내던 신애에게 교회 사람들이 찾아와서 말한다. "하나님이 용서했으니 이제 신애 씨도 용서해야지." 신애는 절망과 화를 삼키면서 울부짖는다. "내가 용서하기도 전에 어떻게 하나님이 먼저 용서할 수 있어요? 나는 이렇게 괴로운데 그 인간은 하나님의 사랑으로 용서받고 구원받았어요. 어떻게 그럴 수 있어요?"

교도소로 갈 때 신애는 피해자인 자신이 용기를 내 용서를 베풀면 가해자가 참회의 눈물을 흘린 뒤 양심의 가책을 느끼며 잘못을 뉘우칠 것이라 생각했을 것이다. 사실 이렇게 기대하는 게 자연스럽고 당연하지 않은가. 그러나 신애의 이런 소박한 기대는 짓밟혔다. 가해자는 이미 자신이 신에게 용서를 받았으며, 마음이 평화롭다고 이야기하며 조금도 죄스러운 마음을 내비치지 않았다. 그러니 신애가 분노하고 절망한 것이 당연하다. 자신이 용서를 베풀기도 전에 가해자가 용서를 받았다고 말했으니 말이다. 신애는 용서를 받을 자격이 없는 사람에게 쓸데없는 짓을 했다며 처절하게 후회했다.

사람들은 용서가 바람직한 행위라고 생각한다. 그것이 관계를 유지하고 사람들과 어울려 원만하게 살아가는 방법이라고 생각하기 때문이다. 그러나 용서는 절대 쉬운 일이 아니다. '용서'는 가해와 피해가 발생했으며 벌어진 일이 어느 정도 심각할 때 요청되는 것이기 때문이다. 용서가 바람직하다는 걸 알고 있는 사람도 실제로 자기 일로 닥쳤을 때는 상대를 쉽게 용서해주지 못한다. 〈밀양〉의 신애처럼 말이다.

용서의 가능성은 일어난 일의 중대성과 반비례하고 관계의 깊이와는 정비례한다. 즉 일어난 일이 중대하고 심각할수록 용서할 가능성은 보통 낮아진다. 또 가해자와 피해자 사이의 관계의 깊이가 깊을수록, 다시 말해 친밀한 사이일수록 용서할 가능성은 높아질 수 있다. 그러나 관계가 전혀 없거나 아주 얕다

영화 〈밀양〉에서 주인공 신애가 아들의 살인자를 면회하러 간 장면. 용서가 아무리 바람직해도 용서가 강요되어서는 안 되며 아무렇게나 이뤄져서도 안 된다. 영화 〈밀양〉은 용서의 어려움과 그 조건에 대해서 많은 것을 이야기해준다.

면 용서의 가능성은 낮아질 수밖에 없다. 관계가 없는 사람과는 유지할 관계가 없고 관계를 단절해도 불편함이 없기 때문이다.

그렇다면 용서는 왜 바람직한 것으로 여겨질까? 용서를 하지 않고도 불편 없이 살 수 있다면 군이 힘든 용서를 생각할 필요가 없지 않을까? 사람들이 용서를 생각하는 이유는 죽도록 미워하는 감정을 극복하고 다른 사람들과 같이 살 필요를 느끼기 때문이다. 비록 그 사이에 깊은 관계가 없다 할지라도 말이다. 신애와 범인은 이제 더 이상 관계를 유지할 필요가 없는 사이다. 그럼에도 신애가 용서를 생각한 이유는 그것이 자신이 세상과 화해하고 다른 이들과 건강하게 공존할 수 있는 방법이라고 생각했기 때문이었을 것이다. 이런 점에서 용서에는 자신과의 화해, 그리고 다른 사람과의 화해라는 두 가지 목표가 있다. 그렇다면 왜 신애는 가해자를 용서하고 자신 및 세상과 화해하는 것을 포기했을까? 그것은 범인의 참회가 없었기 때문이다. 범인이 용서를 받을 준비가 되어 있지 않기에 신애도 용서를 해줄 수가 없었던 것이다.

화해를 위한 용서에는 반드시 참회가 동반돼야 하고 참회는 피해 당사자에게 해야 한다. 용서와 참회 중 무엇이 먼저인지는 정답이 없다. 용기 있는 피해자가 먼저 용서를 할 수도 있고 양심 있는 가해자가 먼저 참회할 수도 있다. 이와 관련해 참고할 만한 주장이 있다. 신학자 로버트 J. 슈라이터Robert J. Schreiter는 화해를 전제로 한 용서와 참회의 과정을 개인 차원과 사회 차원으로 구분하고 있다. 그는 개인 차원에서는 피해자가 먼저 용서를 하면 그에 응답해 가해자의 참회가 뒤따를 수 있다고 말한다. 그 후 관계의 회복과 화해가 이뤄진다. 그러나 사회 차원에서는 그 반대가 바람직하다고 말한다. 먼저 가해자의 참회가 있어야 용서와 화해를 위한 사회 전체의 긴 여정이 시작될 수 있다는 것이다. 특히 국가 차원의 일이라면 더욱더 그렇다.

사실, 상식적으로 생각해봤을 때 누군가 잘못을 나에게만 했다면 그 사람을 용서할 수 있는 건 오직 나뿐일 것이다. 그래서 도덕적·종교적 신념에 따라 상대의 참회를 바라지 않고 용서할 수도 있다. 그러나 피해가 사회 전체에 미쳤다면 몇 사람, 또는 몇 집단이 다른 모든 사람들의 의견을 무시하고 가해자 또는 가해 사회에게 용서를 선언할 수는 없다. 설사 그런 일이 일어난다 할지라도 피해를 입은 다른 구성원들은 그것을 인정하지 않을 것이다. 그러므로 사회 구성원 전체가 받아들일 수 있으려면 가해자가 먼저 참회를 해야 한다. 그래야 피해를 입은 사회가 용서를 고민하고 화해의 가능성을 염두에 둔 관계 개선을 시도할 수 있다.

개인 차원에서든 사회 차원에서든 궁극적 목표가 화해라면 순서는 다를지언정 용서와 참회 둘 다 이뤄져야 한다. 용서와 참회는 화해의 전제조건이다. 물론 참회가 없어도 용서를 할 수 있다. 그렇지만 그 경우 화해는 이뤄지지 않는다. 반대의 경우도 마찬가지다. 화해는 상호적인 작용이기 때문이다. 그렇더라도 용서와 참회 중 한 가지가 이뤄진다면 화해의 가능성은 높아진다. 그리고 과거의 가해자와 피해자가 평화롭게 공존하는 미래가 만들어질 가능성도 높아진다.

누구를 위한 용서와 화해인가

용서는 어떤 경우에서건 용기 있는 선택이다. 가해자가 진정 참회를 하든 안 하든, 누군가를 용서하는 것은 결국 희생당한 피해자다. 용서의 권한은 오로지 피해자에게 있기에 용서는 절대 강요될 수 없다. 용서가 강요된다면 그것은 희생을 겪은 피해자에게 다시 희생을 강요하는 일이 된다. 화해의 필요가 아무리 시급하고 중대하더라도 강요되는 용서는 화해에 기여하지 못하며 결국 또 다른 갈등과 증오를 낳게 된다. 그럼에도 개인 차원에서건 사회 차원에서건 용서가 강요되는 일은 종종 일어난다. 심지어 용서가 피해자가 아닌 제삼자에 의해 이뤄지기도 한다.

전두환의 사례는 용서가 어떻게 정치적으로 이용될 수 있으며 화해마저 강제될 수 있는지를 보여준다. 전두환은 대한민국 11대, 12대 대통령을 지냈지만 그 자리는 폭력으로 얻은 것이었다. 그는 1979년 12월 12일 군사반란을 통해 권력을 장악했고, 그 이듬해 5월에는 군부의 집권에 반대하여 시위에 나선 광주 시민들을 군대를 동원해 유혈진압했다. 그 과정에서 수백 명의 사람들이 목숨을 잃었다.* 세월이 흘러 군부세력이 권력을 잃은 이후 그를 심판해야 한다는 여론이 들끓었고, 결국 전두환은 재판대에 올라 무기징역을 선고받았다. 그런데 몇 달 지나지 않아 그는 사면을 받고 풀려난다. 당시 김영삼 대통령이 지역감정 해소 및 국민 대화합을 명분으로 김대중 대통령 당선인의 동의를 얻어 대통령 특별 사면을 내린 것이다. 정치적 부채를 청산하려는 임기 말 대통령과 미래의 부담을 제거하려는 차기 대통령의 정치적 목적이 맞아떨어진 것이다.

전두환은 이렇게 당시 정권에 의해 용서받았다. 그런데 그들

5·18광주민주화운동
1980년 5월 18일부터 5월 27일까지 광주 지역을 중심으로 벌어진 민주화운동. 전두환을 비롯한 신군부 세력의 퇴진과 비상계엄 해제를 요구했으나 계엄군은 이를 실탄 사격까지 동원하며 잔혹하게 진압했고, 시위대는 예비군 무기고를 열어 무장하면서 맞서 싸웠다. 결국 공수부대 투입으로 진압당하면서 종결되었다. 광주시가 2009년에 발표한 통계에 따르면 사망자가 163명, 행방불명자가 166명, 부상 뒤 숨진 사람이 101명에 이른다고 한다.

에게 전두환을 용서할 권한이 있었을까? 전두환이 처벌받은 이유는 5·18광주민주화운동을 유혈 진압해 수많은 시민을 학살했기 때문이고 그렇다면 전두환을 용서할 1차적인 권한은 피해자와 가족들에게 있었다. 김영삼과 김대중 두 사람은 전두환을 용서할 권력을 가졌지만 권한은 없었다. 그들은 피해자가 아니었기 때문이다. 결국 용서할 권한이 없는 사람들이 용서를 해준 것이다.

게다가 이 용서에는 참회가 없었다. 전두환은 재판정에서는 물론 그 이후에도 5·18광주민주화운동 희생자들에게 참회를 하지 않았다. 앞에서 봤듯 사회 차원의 문제일수록 가해자의 참회가 필수적이다. 그런데 전두환의 경우에는 피해 당사자도 아닌 이들이 참회도 하지 않은 가해자를 용서해준 것이다. 이는 정치적 이익을 위한 것 그 이상도 이하도 아니었다. 그 명분은 국민 사이의 화해였지만, 화해는 강제로 시킬 수 있는 것이 아니다. 결과적으로 전두환의 특별 사면은 국민 화해에도, 정의의 실현에도 기여하지 못했다. 결국 지금까지도 진정한 참회와 용서가 이뤄지지 않고 있다.

남아공의 진실과화해위원회도 같은 맥락에서 비판받는다. 위원회가 설치된 가장 큰 이유는 인종차별을 끝내고 새로운 국가를 만들기 위해 국가 차원에서의 화해가 필요했기 때문이었다. 그래서 피해자의 증언을 청취하고 과거 범죄를 밝히는 것과 함께 과거 범죄를 사면해주는 것에 무게가 실렸다. 하지만 이 사면에는 중대한 결함이 있었다. 사면의 전제조건이 피해자의 용서와 가해자의 참회가 아니었기 때문이다. 단지 범죄가 정치적 동기에서 비롯됐는지와 가해자가 모든 사실을 고백했는지 여부만을 기준으로 삼았다. 이런 기준은 결국 피해자로부터는 용서의 권한을, 가해자로부터는 참회의 기회를 빼앗은 결과를 가져왔다. 이런 이유로 피해자는 용서를 결심할 수 있을 정도의 적절한 위로와 인정을 받지 못했으며 가해자는 사면을 받기 위해 조건에 끼워 맞춘 증언을 했다는 평가까지 나왔다.

맥락은 좀 다르지만 신애의 사례에서도 용서가 강요된 측면이 있었다. 신애는 신앙에 의해, 그리고 교회 사람들에 의해 용서를 강요받았다. 교도소를 찾아간 것이 자발적인 것처럼 보이지만 사실 신애는 교회에 열심히 다니고 교우들과 친분을 쌓으면서 진정한 신앙인이 되기 위해서는 범인을 용서해야 한다고 생각하게 됐다. 교회 사람들도 범인을 용서하는 것이 신애가 훌륭한 신앙인이 되는 길임을 은연중에 강조했다. 범인을 면회하고 온 후 혼란에 빠진 신애에게 교회 사람들은 "하나님이 용서했으니 이제 신애 씨도 용서해야지"라고 말한다. 신앙이라는 명분으로 신애에게 용서를 강요하는 건 곧 신애로부터 용서의 권한을 빼앗는 것과 다르지 않다.

용서는 피해자의 영역이고 참회는 가해자의 영역이다. 그것은 절대 바뀔 수 없다. 그럼에도 집단과 사회가 화해를 명분으로 피해자에게 용서를 강요하는 일, 또는 정치적 목적으로 참회

없는 용서와 화해를 강요하는 일이 심심찮게 발생한다. 평화의 시각으로 볼 때 여기에는 두 가지 중대한 문제가 있다. 하나는 이런 피해를 일으킨 폭력적 관계와 구조를 바꿀 기회가 없어진다는 것이다. 피해자는 대개 정의가 실현되고 나서야, 용서하고 화해할 준비가 된다. 다시 말해 과거의 잘못된 일이 밝혀지고 그에 대한 판단과 처벌이 이뤄지고 난 후다. 이는 곧 같은 폭력이 다시 일어나지 않도록 새로운 관계와 구조가 만들어졌다는 이야기다. 그러나 그 이전에 용서와 화해를 강요하는 것은 피해자에게 변하지 않은 폭력적인 관계와 구조를 그냥 받아들이라고 압력을 행사하는 것과 다르지 않다.

다른 하나는 피해자로부터 용서를 할 만한 역량을 키울 기회를 빼앗는다는 점이다. 피해자는 자신이 입은 피해가 어느 정도 회복된 후, 가해자를 대면할 마음의 준비가 되고 용기가 생겼을 때가 돼서야 용서를 결심할 수 있다. 그 시기는 사람마다 다를 수밖에 없다. 그러나 그렇게 준비가 되지 않은 피해자에게 용서와 화해를 강요한다면 피해자는 그런 역량을 키울 수가 없다. 억지로 용서한다면 그건 진정한 용서가 아니라 그저 참는 것이며 마음속에는 여전히 원한이 남는다. 그런 원한은 언제든 다른 폭력으로 옮겨갈 수 있다. 강요된 용서는 그 자체로 폭력이며 또 다른 폭력의 불씨가 된다. 결국 진정한 화해는 이뤄지지 않은 채 폭력만 되풀이될 것이다.

평화적 공존으로 가는 길

갈등 또는 대립에서 화해로 가는 방법에는 특별한 묘책이 없다. 화해로 가기 위해서는 순서가 어떻든 용서와 참회가 이뤄져야 하고, 피해자와 가해자가 그 주체가 되어야 한다. 결국 용서와 화해는 전적으로 당사자들의 선택이다. 자신을 위해서건, 다른 사람들과의 관계를 위해서건, 나아가 상대편인 가해자의 미래를 위해서건, 보다 크게 소속된 집단과 사회를 위해서건 모두 마찬가지다. 화해가 이뤄진 이후에는 자연스럽게 평화적 공존의 가능성이 높아지겠지만 화해로 가는 길은 멀고도 험하다. 화해를 위한 용서와 참회의 시간이 길어져 한동안 화해를 방해하기도 하고, 때로는 용서와 참회 자체가 기약 없이 미뤄지기도 한다.

평화 연구의 선구적 학자인 존 폴 레더라크는 세계 곳곳의 현장을 관찰한 결과 무장 갈등이나 전쟁 같은 극단적인 폭력 상황을 극복하고 화해해야 하는 과제에 직면한 사람들이 주로 세 가지 화해의 틀을 선택한다는 점을 발견했다. 이렇게 틀이 세 가지라는 것은 화해로 가는 길에 정답이 없음을 말해준다. 사람들이 처한 문제는 각각 다르기 때문이다. 어쨌든 그 틀은 장기적 목표인 화해를 위해 과거, 현재, 미래를 어떻게 다룰 것인지에 대한 깊은 고민과 현실적 선택에 따라 달라진다.

첫번째 틀은 과거-현재-미래로 이어지는 틀이다. 어떻게 보면 가장 평범하고 일반적인 틀이다. 과거에 일어난 잘못과 그로 인한 희생을 밝혀 가해자에게는 정의의 심판을, 피해자에게는 희생에 대해 보상하는 것이 출발점이 된다. 이를 위해 과거의 잘못을 밝히고 처벌할 특별 위원회가 설치되며 사면이 이뤄지기도 한다. 과거를 청산하고 나면 사회 전체가 현재 직면한 문제를 해결하고 과거의 폭력이 되풀이되지 않는 새로운 사회를 만들기 위해 머리를 맞대고 고민한다.

두번째 틀은 현재-미래-과거로 이어지는 틀이다. 이 틀에서는 사회 구성원들의 시급한 생존의 문제를 해결하기 위해 현재가 가장 먼저 다뤄지고, 자신과 가족의 미래를 위해 무엇이 필요한지에 초점이 맞춰진다. 모두에게 고통스러웠고 모두가 가해자였던 과거는 현재의 과제가 극복될 때까지 미뤄두는 것이 이 틀의 핵심이다. 과거를 다루지 않으므로 가해자와 피해자가 같이 현재를 살아가기 위해 서로 힘을 합쳐야 한다. 과거 청산은 미뤄지고 화해의 길은 멀지만 이 틀은 그들에게는 가장 현실적이고 동시에 이상적인 틀이 된다. 실제로 니카라과에서 내전 이후 모두가 패배자가 된 상황에서 현실 문제를 해결하기 위해 채택됐던 틀이다.

세번째 틀은 미래-현재-과거의 순서로 진행된다. 사람들은 과거를 다루면 현재의 사회가 분열되고, 현재를 위해서는 불가피하게 과거를 다뤄야 하는 딜레마를 해결하기 위해 제일 먼저 미래에 초점을 맞춘다. 일단 자신들의 후손에게 과거의 고통이 이어지지 않고 과거가 되풀이되지 않는 사회를 만드는 것에 초점을 맞추는 것이다. 판도라의 상자인 과거는 당분간 묻어두고 바람직한 미래를 만들기 위해 현재 해야 할 일을 고민한다. 이 틀 아래에서는 과거의 가해자와도 마주앉을 정당한 이유가 있다. 학살을 경험한 캄보디아 사람들이 미래 세대를 위해 과거의 가해자와 마주 앉아 미래 사회를 구상한 것이 이 예에 속한다.(존 폴 레더라크 지음, 유선금 옮김, 『화해를 향한 여정』, Korea Anabaptist Press, pp. 74~96.)

세 가지 틀은 과거, 현재, 미래를 다루는 순서가 다르지만 몇 가지 공통점이 있다.

첫째는 모두 화해의 필요성과 가능성을 부인하지 않는다는 것이다. 이 세 가지 틀들은 화해를 회피하기 위해서가 아니라 결국 각자의 상황에서 화해를 이룰 수 있는 가장 효율적인 방법을 고민한 데서 나온 것이다.

둘째는 화해를 결코 단기간의 목표로 정하지 않고 장기간의 노력이 필요한 최종 결과물로 여긴다는 것이다. 과거를 청산하는 데 수십 년이 걸릴 수도 있고, 과거가 아닌 현재 또는 미래부터 다룬다면 당연히 더 오랜 기간이 필요할 것이다. 중요한 점은 어느 곳에서 시작하든 화해가 궁극적 목표인 한 점진적으로 화해를 위한 사회의 역량을 키울 수 있다는 것이다.

셋째는 피해자는 물론 가해자까지 참여해 현재와 미래를 공동으로 구상한다는 것이다. 과거가 우선적으로 다뤄질 경우엔 당연히 가해자는 잘못을 참회하고 합당한 처벌을 받은 후 당당하게 현재와 미래를 고민할 자리에 초대받을 수 있다. 현재 또는 미래를 먼저 다룰 경우에도 과거를 다루는 것이 유보되기 때문에 가해자가 참여할 길이 열린다. 가해자의 참여가 허락되는 이유는 그것이 불가피한 선택이기 때문이다. 새로운 사회는 가해자도 살아갈 사회고 그러므로 가해자 또한 새로운 사회의 구상에 참여할 권리가 있다. 비록 그들의 과거 행위에 대한 규명과 처벌이 이뤄지지 않는다 하더라도 그들을 배제하고서는 새로운 사회가 만들어질 수 없고, 과거의 폭력이 다시 나타나는 걸 방지할 수 없기에 나온 현실적 선택이다.

넷째는 피해자와 가해자 사이에 이뤄지는 용서와 참회의 과정이 외면되지 않는다는 것이다. 현재 또는 미래부터 시작되는 틀도 과거를 잊기 위해 선택한 것이 아니다. 과거는 그저 긴급한 생존의 문제를 해결하기 위해 잠시 미뤄두었을 뿐이다. 과거의 잘못을 규명하고 다루기 전에 오랜 준비 기간을 갖고, 그런 후에 분노와 증오를 표출하기 위해서가 아니라 화해를 위해 과거를 다루려는 선택이라고 할 수 있다.

이 세 틀은 각각 출발점이 다르지만 사람들이 최종적으로 이루고자 하는 것은 결국 화해다. 그리고 거기에는 항상 용서와 참회의 과정이 전제되어 있다. 사람들은 상황에 맞는 틀을 적용해 용서의 과정을 만들고 화해의 기초를 놓는다. 용서와 화해는 그저 실현하면 좋은 이상이 아니다. 폭력을 경험하고 새로운 삶과 사회를 만들어야 할 절박한 필요가 있는 사람들에게 화해는 자신과 가족, 집단과 사회를 위한 지극히 현실적인 선택이다. 그것이 과거의 폭력을 반성하고 평화로운 미래를 설계해, 새로운 삶을 시작하게 해주는 해결책이기 때문이다. 용서와 화해는 평화적 공존으로 가는 올바르며 유일한 길이다.

제12장

평화를 보는 눈

평화교육,
폭력 끝 평화 시작!

　　　　장면 하나. 12~15세 청소년 20여

명이 워크숍을 위해 모였다. 이들이 오늘 워크숍에서 다룰 주제

는 '평화적 문제 해결'이다. 진행자는 아이들에게 신문 기사를

나눠준다. 아이들은 기사를 꼼꼼히 읽은 후 다른 아이들 앞에

서 각자 읽은 내용을 설명하고 다른 아이들의 설명도 듣는다.

그렇지만 그냥 듣는 것이 아니다. 다른 아이들의 설명을 들으면

서 원래 기사에서 빠진 부분이 무엇이며 첨가된 내용이 무엇인

지 찾아낸다. 자기 설명과 다른 아이들의 설명에서 무엇이 어떻

게 다른지도 비교해본다. 그리고 왜 자신과 다른 아이들이 저마

다 특정한 내용을 빼거나 첨가했는지 생각해보고 토론한다. 이

활동을 통해 아이들은 어떤 이야기나 주장이 왜 사람들의 관심

을 끌거나 끌지 못하는지, 그리고 각자의 선입견과 편견 때문에

본래의 얘기를 어떻게 다르게 이해하게 되는지를 경험한다. 근

거 없는 소문과 주장이 얼마나 쉽게 만들어질 수 있는지도 알

게 된다. 아이들은 이어서 친구들과 어울릴 때 생기는 문제들을 꼽아본다. 그리고 상대의 종교나 민족에 대한 선입견과 편견이 그런 문제에 어떤 영향을 미치는지, 그리고 무엇이 바뀌어야 하는지 토론한다.

이 워크숍은 동유럽의 보스니아-헤르체고비나에서 진행된 평화교육 워크숍이다. 여기서 청소년들은 편견과 선입견이 사람들의 생각과 이해에 어떤 영향을 미치고 어떤 결과를 만들어내는지를 배운다. 나아가 다른 민족과 문화를 어떻게 이해하고 포용할 수 있는지도 배운다. 워크숍이 끝난 후 청소년들은 각자의 학교와 마을로 돌아가 친구 및 가족과 배운 것을 적용하는 연습을 하게 된다. 워크숍의 목적은 미래 세대인 청소년들을 교육함으로써 장기적으로 포용적 사회 문화와 평화로운 문제 해결 습관이 뿌리 내리게 하는 것이다.

보스니아-헤르체고비나에서 이런 프로그램이 만들어진 데는 특별한 의미가 있다. 이곳에서는 민족과 종교가 다른 세 집단이 수년간 끔찍한 내전을 벌였다. 그리하여 전쟁이 끝난 후 여전히 남아 있는 민족 집단 사이 증오와 분열을 극복하고 과거의 전쟁이 되풀이되지 않도록 상호 이해와 평화적 문제 해결에 초점을 맞춘 다양한 평화교육 프로그램이 만들어졌다. 위의 워크숍도 그런 프로그램 중 하나다.

장면 둘. 150여 명의 주부들이 큰 강당에 모여 앉았다. 이들은 '세계화와 시장'에 대한 특강을 듣는다. 한국의 시장에서 판매

되는 제품이 어디에서 어떻게 누구의 손으로 만들어지고 있으며, 그 과정에서 누가 어떻게 착취되고 희생되는지 살피는 것이 강의 내용이다. 한국 소비자들의 무관심과 무지, 그리고 지나친 욕심과 소비주의 때문에 빈곤국 노동자들에게 가해지는 폭력과 그런 폭력이 그들의 현재와 미래의 삶에 미치는 영향을 이해하는 것이 교육의 핵심이다. 또한 강의를 듣는 주부들은 그런 폭력으로 인해 한국과 빈곤국의 국민들이 서로 바라는 바를 이루고 평화롭게 공존할 수 있는 가능성이 낮아지고 있음을 알게 된다.

강의가 끝난 후 주부들은 작은 모둠을 만들어 세계화 시대에 한국 시장과 소비자가 빈곤국 노동자들의 삶을 희생시키지 않고, 오히려 그들의 삶을 향상시키는 데 기여할 수 있는 방법이 무엇인지 토론한다. 경제적으로 발달된 나라의 사람들과 아직 충분한 발전을 이루지 못하고 폭력에 희생되는 빈곤국 사람들이 평화적으로 공존할 수 있는 시장을 만들기 위해 자신이 무엇을 할 수 있는지도 고민해본다. 소비자로서 큰 영향력을 가지고 있는 주부들이 자신의 역할과 평화적 공존에 대해 생각할 수 있도록 하기 위한 평화교육이다.

위의 두 개 평화교육은 내용이 완전히 다르다. 보스니아-헤르체고비나에서의 평화교육은 전쟁 후의 학교, 마을, 사회 환경을 고려한 것이고 대상이 청소년들이다. 두번째 것은 경제와 소비자의 역할에 초점이 맞춰져 있고 주부들을 대상으로 하고 있다. 또한 이 두 평화교육의 내용은 다른 교육에서도 다루는 것들이다. 그러면 어떤 점 때문에 평화교육이라고 하는 것일까? 또 평화교육은 어떤 점에서 차이가 날까?

평화교육에는 두 가지 주요한 차별점이 있다. 하나는 동기고 다른 하나는 목표다. 위의 평화교육이 만들어진 동기는 '폭력 감소'와 '평화 성취'를 위해 관계된 사람들을 교육시켜야 할 필요다. 따라서 교육 프로그램은 폭력을 만들지 않고, 평화로운 공동체와 세상을 만들기 위해 참가자들이 할 수 있는 것을 고민하도록 독려하고 있다. 또한 앞서 소개한 두 교육이 목표로 하는 것은 민족·문화·역사·경제수준 등이 다른 다양한 사람들이 대화와 협력으로 문제를 해결하고 평화롭게 공존하는 공동체와 세상을 만드는 데 기여하도록 돕는 것이다. 두 교육이 단순히 청소년들의 문제 해결 능력을 키우고 세계화 시대 경제 정의에 대한 주부들의 이해를 높이는 데서 끝났다면 평화교육이 아니라 교양교육이라고 불러야 할 것이다. 그러나 분명하게 '평화'가 동기와 목표가 됐기 때문에 다른 교육과 구분되고 평화교육이라 부를 수 있는 것이다.

평화교육은 다양한 주제를 가지고, 다양한 사람들과 함께, 다양한 환경에서 진행된다. 때문에 평화교육은 아주 다양하다. 같은 평화교육이라 해도 내전 후 무기를 이용한 범죄가 만연한 사회와 빈부격차와 경제 불평등 같은 구조적 폭력이 만연한 사회에서의 교육 내용은 다를 수밖에 없다. 무장 폭력에 노출된 사회에서는 신체적 안전이 보장되는 환경이 우선 만들어져야 하고, 구조적 폭력이 심한 사회에서는 법과 제도를 변화시킬 수 있는 평화적 과정에 대한 고민이 필요하다. 대상도 청소년·성인·여성·남성·직장인·주부 등 다양한 집단이 될 수 있고 상세 내용도 당연히 대상에 따라 달라질 수밖에 없다. 그러나 평화롭지 않은 세상에 대한 문제 제기와 평화로운 세상을 만드는 방법에 분명한 초점이 맞춰져 있다면 모두가 평화교육이라 할 수 있다.

가치 교육? 행동 교육!

평화교육의 첫번째 단계는 사람들로 하여금 자기 삶과 주변의 환경을 성찰케 하고 평화를 고민해볼 만한 문제로 던져주는 것이다. 사실 대부분의 사람들은 굳이 평화를 거부하지 않는다. 평화가 좋은 것이고 개인이나 집단에 해를 입힌다고 생각하지 않기 때문이다. 그러나 그 대부분의 사람들은 평화를 여러 가지 좋은 가치 중 하나로 여길 뿐이다. 그들은 굳이 평화가 다른 많은 것들보다 우선돼야 한다고 생각하지는 않는다. 자유와 평등 같은 다른 가치가 더 중요하고 그것을 위해서는 때로 폭력을 사용할 수도 있다고 생각하는 사람도 많다.

이와는 다르게 평화를 삶의 최우선 가치로 선택한 사람은 여러 가지 가치 중에서 하나를 선택해야 할 중대한 상황에 직면했을 때 망설이지 않고 평화를 선택한다. 그리고 자기 내부 또는 외부로부터 오는 여러 가지 도전을 극복할 방법을 결정해야 할 때 평화를 기준으로 삼는다. 그렇지만 평화교육에 참여하는 모든 사람들이 그런 생각을 가지게 되는 것은 아니다. 혹 그런 변화가 일어난다고 해도 하루아침에 일어나지는 않는다. 그럼에도 평화교육은 참여자들에게 최소한 평화를 삶의 문제로 인식할 수 있게 해준다. 또한 평화를 삶의 중심 가치로 삼지 않더라도 최소한 평화를 위한 노력에 동참할 수 있도록 자극을 준다.

가치를 다루는 교육은 가치를 강요할 위험이 있다. 그런데 아무리 좋은 가치라도 강요된다면 그것은 폭력이 된다. 평화 연구에서는 특정 사상, 철학, 종교적 가르침, 관습 등을 강요하는 것을 문화적 폭력으로 규정한다. 사실 역사적으로도 그랬고, 그리고 현재에도 원하지 않는 종교와 사상을 강요하고 그에 저항하는 사람들을 단죄하거나 배신자로 낙인찍는 일이 벌어지고 있다. 그렇다면 평화교육에서 평화를 가치로 삼도록 강요하는 것도 문화적 폭력일까? 물론이다. 평화의 가치를 강요하는 평화교육이 있다면 그것은 평화교육이 아니다. 평화교육은 평화의 가치를 강요하지도 않고, 강요할 수도 없다. 다만 평화의 가치를 제시하고, 사람들에게 자신이 가지고 있는 지식과 상식에 기초해 생각해보도록 시간과 과정을 주며, 정말 평화를 자신의 삶의 가치로 선택할 수 있는지 진지하게 고민해볼 것을 권한다. 이런 절차를 통해 사람들은 의문을 품고 반론을 제기하면서, 스스로 어떤 상황에서 어느 수준까지 평화의 가치를 적용할 것인지를 고민하고 결정하게 된다.

평화교육이 자율적인 방법과 절차를 선택하는 이유는 평화라는 가치를 얼마나 받아들일지 스스로 결정하지 않으면 평화교육의 다음 단계가 진행될 수 없기 때문이다. 바로 태도와 행동의 변화를 교육하는 단계다. 평화를 가치로 선택한 사람은 폭력을 만들어내는 힘에 의존하는 관계와 선입견·편견·배제·차별·대결·증오·비난 등을 거부하게 된다. 대신 폭력의 감소와 평화의 성취에 기여할 수 있는 상호의존의 관계와 존중·포용·배려·협력·대화 등의 자세를 갖게 된다. 이런 태도의 변화는 평화의 가치를 선택했을 때 제일 먼저 나타나는 변화라 할 수 있다. 물론 평화를 가치로 선택하는 것이 쉽지도, 단기간에 이뤄지지도 않는 것처럼 태도의 변화도 점진적으로 장기간에 걸쳐 일어날 수밖에 없다. 평화교육은 그런 점진적 변화에 도움이 될 수 있도록 평화교육 참여자들에게 구체적인 상황과 문제를 제시하고, 다른 개인이나 집단의 환경을 직간접적으로 경험하여 이해할 수 있게 한다. 앞에서 언급한 평화교육에서 신문 기사를 이용해 보스니아-헤르체고비나 청소년들이 선입견과 편견을 깨닫도록 하고, 세계화된 시장이라는 주제를 통해 주부들이 자신이 소비하는 상품과 빈곤국 노동자들 사이의 관계를 이해하게끔 기회를 제공한 것과 같다.

평화교육의 마지막 단계는 행동의 변화를 독려하는 것이다. 행동의 변화를 이끌어낼 때까지 평화교육은 불완전할 수밖에 없다. 가치와 태도의 변화를 교육하는 이유가 결국 행동의 변화를 위한 것이기 때문이다. 이를 위해 평화교육은 행동을 위해 필요한 지식과 기술(듣기, 대화, 의사소통, 문제해결 과정, 갈등분석 방법 등)을 제공하는 것에 초점을 맞춘다. 평화교육 참여자들이 가치와 태도의 변화를 행동으로 연결시키는 단계까지 도달하지 못했다면 평화교육을 마쳤다고 얘기할 수 없다.

행동을 전제로 한 역량 키우기는 두 가지 면에서 중요하다. 자신이 폭력에 희생되거나 폭력의 가해자가 되지 않도록 스스로 성찰하고 대응할 수 있으며, 나아가 다른 사람의 희생과 가해를 막고 줄이는 데 기여하게 된다. 자신이 부당하게 희생당하지도 가해자가 되지도 않을 수 있음을 알면 자존감이 향상되고 다른 사람들과 함께 평화로운 미래를 만들 수 있는 가능성이 높아진다. 보스니아-헤르체고비나 청소년들은 학교와 마을로 돌아가 자신들이 배운 것을 공유하고 실천함으로써 편견과 무시를 극복하고 그로 인한 폭력과 희생을 줄이는 데 기여할 것이다. 주부들은 세계화로 왜곡된 시장의 문제를 이해하고 올바른 소비 방법을 고민하면서 빈곤국 노동자들의 희생을 줄이려 시도할 것이다. 이렇게 각각의 영역과 주제에서 평화를 적용하다보면 평화의 가치를 더 잘 받아들이게 될 것이다. 또한 다른 상황에서도 평화의 태도와 행동으로 접근할 수 있게 된다. 그러면서 평화를 실행하는 역량이 점차 향상될 것이다.

선택을 교육하다

약 50명의 다양한 연령대 사람들이 넓은 실내에 둥그렇게 모여 앉았다. 이들 중 반은 교도소에서 출소한 지 얼마 되지 않았으며, 사회로 재진입하기 전 사회 적응을 위해 머무는 사회복귀훈련소halfway house에 살고 있다. 이 시설은 출소자들이 범죄에 다시 발을 들여놓지 않도록 모니터링과 지원을 제공한다. 나머지 반은 출소자들의 멘토들이다. 이들이 모인 이유는 평화교육을 받기 위해서다. 내용은 다른 사람의 공격적 언어나 행동에 폭력이 아닌 다른 방법으로 대응하는 것이다. 3시간 동안 이들은 다른 사람에게 폭력적으로 대응했던 경험과 느낌, 그리고 폭력이 아닌 방법으로 대응했던 경험과 느낌을 나누고, 비폭력적으로 대응하는 법을 배우고 연습했다.

이 프로그램은 폭력대안프로젝트Alternatives to Violence Project, AVP라는 이름의 평화교육이다. 이 교육은 1975년 미국 뉴욕의 한 교도소에서 시작됐다. 수감돼 있는 장기수들의 요청으로 시작됐는데 반응이 좋아 곧 다른 교도소들에서도 실시됐다. 이제는 대표적인 평화교육 프로그램의 하나로 전세계 곳곳에서 다양한 사람들을 대상으로 실행되고 있다. 이 교육에서 참여자들은 다른 사람에 대한 분노나 두려움을 폭력적 방법으로 표출하지 않고 자신을 폭력의 희생자 또는 가해자로 만들지 않는 방법을 배운다. 또한 폭력적 표현 방식 때문에 또 다시 관계가 폭력으로 치닫는 위험에 빠지지 않도록 자신을 성찰하고 변화를 시도한다. 그러기 위해 자신을 있는 그대로 존중하고 자존감을 키우며, 분노·두려움·편견·선입견 등을 잘 다스리는 방법을 배운다. 다른 사람과 상호의존적인 관계를 맺는 방법도 익히게 된다.

사회적으로 존중받지 못하고 그 결과 폭력에 보다 쉽게 노출되는 사람들이 주변 사람들과 새로운 방법으로 관계를 맺을 수 있게 되면 많은 변화가 일어난다. 개인의 자존감이 커질 뿐 아니라 다른 사람들을 돌볼 수도 있다. 개인의 변화를 넘어 사회적으로도 긍정적인 역할을 하게 되는 것이다. 다양한 사람들이 평화롭게 공존하는 사회를 만드는 데 기여하는 것이다. 자신과 타인, 그리고 관계에 대한 새로운 성찰과 접근이 폭력을 평화로 전환시킬 수 있는 새로운 힘이 되는 것이다.

다양한 개인과 집단을 대상으로 한 평화교육은 폭력에 길들여지고 무기력해진 사람들에게 다른 선택, 즉 폭력이 아닌 평화를 선택할 수 있음을 알려준다. 폭력적인 환경에 둘러싸여 있었던 사회복귀훈련소 사람들은 평화교육에서 사람을 대하고 관계를 만들 수 있는 평화적 방법을 스스로 선택할 수 있다는 것을 배웠다. 보스니아-헤르체고비나 청소년들도 상호 이해와 토론으로 오랫동안 굳어진 선입견과 편견을 극복할 수 있다는 걸 배웠다. 주부들도 폭력적 시장 구조에 가담하지 않는 방법을

스스로 선택할 수 있음을 배웠다. 물론 실제로 평화교육이 제
시하는 방법을 선택하고 실천할 것인지 여부는 교육을 받는 사
람들에게 달려 있다. 그럼에도 평화교육을 받은 사람은 최소한
다른 선택지가 있다는 걸 알고 자신이 그 선택을 할 때 자신과
다른 사람들을 위한 평화에 기여할 수 있음도 알게 된다.

평화교육은 평화문화를 형성하는 데 일조함으로써 사회에 기
여한다. 많은 사람들이 자신이 살고 있는 사회에 폭력문화가
만연해 있다는 것을 알고 있지만 그것을 바꿀 수 있다고는 잘
생각하지 않는다. 그러나 폭력문화의 심각성을 깨닫고 평화문
화로 바꾸기 위해 노력하는 사람들이 늘어난다면 조금씩 변화

가 일어날 수 있다. 집단과 사회 내에 평화교육을 받은 사람들이 많아지고 그들이 평화를 진지하게 고민한다면, 평화문화가 형성될 가능성도 더 커질 것이다.

평화문화가 자리 잡는다고 해도, 물론 여전히 사람들 사이에 문제와 다툼은 있을 것이다. 그러나 그에 임하는 사람들의 태도와 행동이 달라질 것이다. 상대를 짓밟고 희생시켜서 승리하기보다 상대를 존중하고 함께 이기는 선택을 하려고 할 것이다. 그것이 자신을 포함해 누구도 희생되지 않으면서 관계를 만들고 유지하는 방법임을 알 것이기 때문이다. 무엇보다 자신이 살고 있는 사회가 서로를 해치는 폭력에 매몰되지 않을 수 있는 방법임을 잘 알 것이기 때문이다.

평화는 어떻게 교육하는가?

평화교육의 가장 중요한 특징은 평화적 방식에 의한 교육이다. 여기서 핵심은 가르치는 사람이 아니라 배우는 사람이 중심에 선다는 것이다. 참여자가 중심에 서서 자신에게 필요한 교육 내용을 정하며, 교육자는 참여자들이 다양한 방법을 통해 그 내용을 익힐 수 있도록 교육 환경을 만들고 내용을 채우는 역할을 한다. 교육자는 참여자들 사이에, 그리고 참여자와 교육자 사이에 존중과 배려의 관계가 형성된 가운데 교육이 진행될 수 있도록 한다. 교육자는 어떤 내용도 주입식으로 강요하지 않으며 일방적으로 옳고 그름을 판단하지도 않는다. 다만 핵심 내용을 제시해서 참여자들이 스스로 내용을 분석해 문제를 찾아낼 수 있도록 하며, 다른 참여자들과 함께 토론하고 성찰하면서 내용을 이해하고 재해석할 수 있게 돕는다.

이런 평화적 교육 방식은 두 가지 점에서 중요하다. 하나는 교육자와 참여자 사이에 동등하고 상호의존적인 관계를 형성해서 교육이 효율적으로 진행된다는 점이다. 다른 교육에서 흔히 보이는 교육자와 참여자 사이의 힘의 불균형과 그것에 의존한 명령-복종의 관계는 평화교육에서는 정당화되지 않는다. 평화교육에서 교육자와 참여자는 배움을 주고받는 동등한 존재이며 서로에게 도움을 주는 관계다. 참여자들의 적극적 참여가 없이는 평화교육이 제대로 진행될 수 없다. 사실 제대로 진행되는 평화교육에서는 굳이 계획하지 않더라도 자연스럽게 서로 배우면서 상호의존적인 관계가 만들어진다.

다른 하나는 비록 공식적으로 내용에 포함되지 않더라도 평화적 교육 방식 자체가 참여자들에게 또 다른 교육이 된다는 점이다. 참여자들은 교육자가 어떤 내용도 강요하지 않고, 참여자들의 다양한 의견을 그대로 인정하는 것을 보고 자연스럽게 평화적 관계를 만드는 방식을 배운다. 또한 그렇게 만들어진 평화적 관계의 효과를 직접 경험한다. 이렇게 참여자들이 교육 환경과 교육자로부터 자신도 깨닫지 못하는 사이에 배우는 것이 평화교육에서 배우는 전체 내용 중 절반을 차지한다 해도 과언이 아니다.

평화교육의 또 다른 중요한 특징은 강의는 물론 토론·활동·연습·사례분석 등 다양한 형식으로 진행된다는 것이다. 다른 교육과는 다르게 강의 시간이 가장 적은 것이 보통이다. 이는 앞에서 언급했듯 평화교육에서는 참여자에게 어떤 내용을 강요하지 않는 것과 같은 맥락이다. 더 근본적으로는 참여자들의 가치·태도·행동의 변화를 목표로 하기 때문이다. 변화란 강요할 수 있는 게 아니다. 그러니 참여자 스스로가 변화의 동기와 계기를 발견할 수 있도록 교육을 진행하는 것이다. 참여자들은 스스로 문제를 제기하고, 분석하고, 다른 사람들과 공유함으로써 문제를 자신은 물론 주변 사람들, 그리고 집단 및 사회 전체와 관련해 새롭게 해석할 수 있게 된다. 교육자가 하는 강의는 참여자들이 스스로 문제를 깨닫고 답을 찾을 때 참고할 수 있는 방향과 원칙을 제안할 뿐이다. 그리하여 참여자들이 보다 쉽게 스스로 변화를 시도할 수 있는 환경을 만들어주기 위해 다양한 방식을 동원하는 것이다.

실제로 평화교육에서는 문제의 발견, 문제의 재해석과 개념화, 대응 방법의 모색, 그리고 적용이 단계적으로 이뤄진다. 문제의 발견 단계에서 참여자들은 어떤 상황이나 환경이 자신과 자신이 속한 집단이나 사회에 왜 문제가 되는지를 스스로에게 묻는다. 이런 자기주도적 과정을 통해 참여자는 문제를 자기 것으로 만들게 된다. 문제의 재해석과 개념화는 보통 다른 참여자들과의 토론과 공동 작업을 통해 이뤄진다. 그러면서 다양한 시각으로 문제를 이해할 수 있게 되고 자신이 처한 개인적·사회적 환경에서 왜 그 문제가 특별한 의미를 갖는지를 확인하게 된다. 다음으로는 문제에 대응할 수 있는 구체적인 방법과 적용이 이뤄진다. 이것은 평화교육의 또 다른 특징이라고 할 수 있다. 평화교육의 최종 목적은 지식의 축적이나 문제의 제기가 아니라 실천에 있다. 그래서 참여자가 스스로 답을 찾는 이 단계가 반드시 필요하다.

사회복귀훈련소 사람들이 참여한 평화교육도 짧지만 비슷한 단계로 진행됐다. 참여자들은 먼저 자신이 어떤 상황에서 폭력을 휘둘렀는지 성찰했다. 그리고 그것이 왜 자신과 주변 사람들, 그리고 자신이 속한 집단과 사회에 문제가 되는지를 자문했다. 다음으로 자신의 대응 방법을 바꾸기 위해 어떤 방법을 선택할 것인지, 그리고 향후 사회로 재진입하면 어떻게 그것을 적용할 것인지를 고민했다. 물론 짧은 교육을 통해 그들의 생활이 완전히 바뀔 것이라 기대할 수는 없다. 그러나 적어도 스스로 문제를 해석하고 답을 찾는 일을 경험했기 때문에 앞으로의 변화 가능성은 올라갔을 것이다.

평화교육은 평화로운 공동체와 세상을 얘기할 때 반드시 같이 언급돼야 한다. 한 집단이나 사회에서 폭력이 심각해지고 사람들이 평화를 갈구할 때 우선적으로 필요한 것이 바로 평화교육이다. 이때 중요한 점은 되도록 모든 구성원들이 평화교육에 참여할 수 있어야 한다는 것이다. 그래야만 같은 목표에 기초해 문제를 이해하고 공동의 대응 방법을 찾을 수 있다.

　교내 폭력이 자주 발생하는 학교라면 가해 학생을 처벌하고 피해 학생을 보살피는 것으로는 안 된다. 분명 학교폭력이 자주 일어나는 원인이 있을 테니, 교사·학생·학부모 모두가 학교폭력을 자신의 문제로 인식하고 그 원인을 해결할 방안을 고민해야 한다. 그리고 구성원들 모두가 실천에 나서야 한다. 그렇게 했을 때 학교폭력이 줄어들고 종국엔 완전히 제거되어 평화로운 학교 문화가 자리 잡을 것이다. 이런 변화를 만들어낼 수 있는 것이 평화교육이다. 구성원 전체가 참여하는 평화교육은 평화문화를 가능하게 하고 궁극적으로 평화로운 공동체와 세상을 만들어낸다.

평화를 보는 눈

—

평화를
업으로 삼는 사람들

평화를 업으로 삼는 사람들의 가
장 큰 부류 중 하나가 평화 연구자들일 것이다. 이들은 평화의
눈으로 사회와 세계가 직면한 문제들을 분석 및 해석하고 그
와 관련해 이론을 세우는 일을 한다. 평화를 학문적 토대 위에
서 연구하지만 도덕적 가치나 철학적 개념에 머무르지 않고 실
천하는 것을 추구한다. 특별히 이들이 가장 큰 관심을 쏟는 부
분은 이론이 타당성을 가지고 현장에 적용돼 효과를 낼 수 있
도록 이론과 현장을 연계시키는 것이다. 이것은 평화 연구의 독
특한 점이라고 할 수 있다. 물론 현장 적용을 중요하게 생각하
는 다른 연구 분야들도 많다. 그럼에도 연구와 현장은 일정한
거리를 두고 분리돼 있는 것이 일반적이고 특정 현장과 관련된
프로젝트가 아닌 한 연구자가 굳이 현장을 염두에 두고 연구를
하는 일은 많지 않다. 그러나 평화 연구는 연구와 현장을 절대
분리할 수 없다. 현장 적용이 평화 연구의 가장 큰 목적 중 하

나기 때문이다.

미국의 하버드대학에서 강의를 하며 교육개발학센터 소장직을 맡고 있던 아담 컬Adam Curle이 1967년 4월 동료인 존 볼크마John Volkmar와 함께 나이지리아에 간 것도 그래서였다. 당시 나이지리아는 전쟁이 임박한 상황에 처해 있었다. 1966년에만 두 차례의 군사 쿠데타가 있었고 그 후 정권을 장악한 북부의 무슬림들과 그에 강력히 저항하는 동부 지역 기독교인들 사이의 대립이 극에 달했다. 9~10월 사이에는 서로 학살극을 벌여 8000명 정도가 사망했고 150만 명 이상이 피난길에 올랐다. 북부와 동부는 각각 타 지역 사람들을 추방했고 나라는 실질적으로 분리됐다. 아담 컬과 동료는 그런 정치적 긴장이 전쟁으로 번질까 우려했고 비공식적으로 양쪽의 정치 지도자들을 만나 다른 쪽의 이야기를 전하고 긴장을 완화시키는 데 도움이 되고자 했다. 그러나 전쟁을 막지는 못했다. 1967년 5월 동부 지역은 독립해 비아프라Biafra 공화국을 선포했고 곧이어 내전이 시작됐다.

내전이 시작되자 전쟁을 중단시킬 노력이 절실히 필요했다. 그렇지만 맨 처음 개입한 아프리카연합의 노력은 비아프라 공화국의 불신으로 실패했다. 그러자 내전의 양 당사자가 받아들일 수 있는 제3자가 필요했고 아담 컬을 포함해 세 명이 양측의 조정자로 결정됐다. 1968년 2월 시작된 아담 컬과 동료들의 조정은 1970년 전쟁이 끝날 때까지 계속됐다.

아담 컬과 동료들의 역할은 나이지리아 정부와 반군인 비아

13장 평화를 업으로 삼는 사람들

프라 공화국을 오가는 이른바 '셔틀 조정'이었다. 그들은 적대하는 두 집단 사이의 의사소통 채널 역할을 하면서 양측의 오해와 의심을 풀고 평화적인 해결 방안을 추구했다. 그들은 "어떤 문제도 전쟁으로는 해결될 수 없다"는 신념을 가지고 조용히 무대 뒤에서 조정 임무를 수행했다.

결국 나이지리아 내전은 전투를 통해 비아프라 군이 패배하고 항복하면서 급작스럽게 종결됐다. 그렇지만 종전과 함께 상대를 몰살시키는 유혈극은 벌어지지 않았다. 나이지리아의 최고통치자인 고원Gowon 장군은 "승리자도 정복당한 자도 없다"면서 국민들에게 승리의 축하 대신 3일 동안의 기도를 요청했다. 비아프라 군인은 전원 사면됐고 모두 무사히 고향으로 돌아갈 수 있었다. 나이지리아는 즉시 재건과 화해의 절차를 시작했다. 아담 컬과 동료들이 전쟁 동안 양측을 오가면서 서로의 오해와 적대감을 희석시켰던 노력이 종전 후 평화로운 수습에 영향을 끼쳤던 것으로 보인다.

대학에서 강의를 하는 것이 직업인 아담 컬이 전쟁터, 그것도 자신과는 아무 관계도 없는 나라의 전쟁터로 간 이유는 단순했다. 전쟁이 무고한 사람들의 목숨을 앗아가고 삶의 기반을 망가뜨리고 있었기 때문이었다. 그는 전쟁을 끝내고 평화를 회복시키는 것 외에 답이 없고 누군가는 그 일을 해야 한다고 생각했다. 이런 경험과 평화에 대한 관심은 그 후 그의 주요 연구 주제가 됐다. 나이지리아 내전 몇 년 후인 1973년, 그는 영국 브

래드포드대학 평화학과의 초대 학장으로 취임했다. 당시는 전
세계적으로 평화학이 시작되던 시기였으므로 연구 체계가 잡히
지 않은 상태였다. 그는 전쟁 예방 노력, 평화운동과 반전운동,
그리고 평화를 위한 조정 등 세 분야를 평화학의 주요 교육 및
연구 주제로 잡았다. 특별히 자신의 경험에 기초해 정부나 외
교관이 아닌 시민들에 의한 평화 추구 노력, 다시 말해 트랙 투
외교Track II Diplomacy에 관심을 가졌다. 여기에는 민주주의 사회에
서 구조적 폭력에 대항하고 사회 구성원들 사이의 평화를 회복
시키는 노력도 포함됐다. 아담 컬은 시민이 평화 실현의 중심이
되는 상향식bottom-up 접근을 평화 연구의 주요 주제로 만드는 데

기여했다.

1978년 평화학과 학장직을 그만둔 아담 컬은 더욱 현장과 가깝게 일했다. 그는 전쟁과 갈등의 상처를 안고 있는 인도·파키스탄·나이지리아·남아공·북아일랜드·발칸반도 등에서 그곳 사람들과 전쟁과 증오를 끝내고 평화를 회복시키는 일에 주력했다. 대학에서의 연구는 현장에 적용됐고, 현장은 다시 연구의 오류와 부족한 점을 채워주었다. 아담 컬은 2006년 9월 28일 세상을 떠났다. 세상을 떠날 때까지 그는 평화 연구자이자 이론가였고, 동시에 현장에서 일하는 실천가였다.

실천하는 연구자들

대부분의 평화 연구자들은 현장에서 직접 실천을 한다. 연구자researcher이자 실천가practitioner가 자연스런 정체성이 되는 것이다. 이것은 초기 평화 연구자이자 평화 연구의 학문적 체계를 세우는 데 큰 기여를 한 아담 컬이 연구자이자 실천가였던 것과 같다. 사실 1970년대의 학문 풍토에서 그의 현장 실천은 무척 드문 일이었다. 당시 태동기였던 평화학에서도 흔치 않은 사례였지만 이제는 평화학에서 연구와 실천을 병행하는 것은 자연스런 일이 됐다.

평화를 연구하는 많은 학자들이 현장 실천을 병행하는 이유는 간단하다. 평화 연구를 하는 목적이 애초에 세상에서 폭력을 줄이고 평화를 확산시키기 위해서였기 때문이다. 평화학은 초기부터 이런 기본 방향을 분명히 설정했다. 이런 맥락에서 커리큘럼에는 연구는 물론 실천과 관련된 과목들이 포함됐다. 사회 변화에 초점이 맞춰진 평화학의 방향은 세부 주제에도 직접 영향을 끼쳤다. 평화학은 자칫 연구가 전쟁 및 군축 문제에만 집중될 것을 스스로 경계하고 관심을 가져야 할 영역을 세계 및 국가 전체의 평화 문제로 확대시켰다. 그 결과 국가 및 지역 사이, 인종 및 민족 집단 사이, 사회 계급 사이, 노사 사이의 평화 등 사람들이 일상에서 마주하는 다양한 주제가 포함됐다. 아담 컬 또한 평화학과의 학과장으로 일하는 내내 평화학이 실천에도 동등하게 관심을 가져야 하며 전쟁의 문제는 물론 폭력을 불러오는 사회 구조의 문제가 반드시 연구에 포함돼야 한다고 강조했다.

사회 변화에 기여한다는 방향 설정은 연구 방법에도 지대한 영향을 미쳤다. 자연스럽게 현장 조사와 인터뷰를 통한 질적 연구qualitative research가 연구의 중심이 됐다. 사회 변화를 위해서는 현장의 문제를 파악해야 하고, 그러기 위해서 가장 좋은 방법은 문제에 직면한 현장 사람들의 얘기를 듣는 것이기 때문이다. 그 결과 현장 사람들과의 접촉과 상호작용이 연구의 중심이 됐다. 실제 경험에서 나온 현장 사람들의 의견은 연구 이론 및 주장과 똑같이 가장 중요한 데이터로 취급됐다. 이런 현장과의 밀접한 관계 때문에 연구자가 동시에 실천가가 되는 일이 자연스럽게 생겼다. 아담 컬이 평화학 초기에 시작했던 '실천하는 연구자'라는 전통이 연구자들의 모범이자 상식이 됐으며 그 전통은 지금까지 이어지고 있다.

존 폴 레더라크는 아담 컬의 전통을 이어받은 대표적인 인물이라 할 수 있다. 저명한 평화 이론가이자 저술가이면서 동시에 세계 곳곳의 현장에서 평화 훈련가, 갈등 조정자, 평화 과정 컨설턴트로 다양한 활동을 해오고 있다. 그가 현장에서 일한 것은 박사과정 중이던 1980년대부터였다.

1988년 그는 니카라과 내전 종식을 위한 조정위원회의 자문 역할을 맡았다. 1980년대 내내 니카라과는 소련의 지원을 받는 사회주의 성향의 산디니스타Sandinista 정부와 소련을 견제하려는 미국의 지원을 받는 콘트라Contra 반군 사이의 내전에 휘말려 있었다. 한편 동부의 인디오들은 두 정치 집단과는 별도로 자치권 획득을 위한 무장 저항을 벌이고 있었다. 수년 동안의 종전 노력 끝에 마침내 1988년 동부 인디오 반정부군과 산디니스타 정권 사이에 평화회담이 시작됐고 그 과정을 지원할 조정위원회가 구성됐다.

당시 레더라크는 코스타리카에 살면서 중앙아메리카 평화와 화해 프로그램을 진행하고 있었는데 평화회담과 조정위원회에 자문으로 기여했다. 또한 그 외에도 안전 문제 때문에 코스타리카에 머물고 있던 동부 반정부군 지도부와 산디니스타 정부 사이를 오가며 메시지를 전달하기도 했으며, 간혹 자신의 집을

회의 장소로 내주기도 했다. 외국인으로서 그는 일부러 전면에 나서지는 않았지만 평화회담의 진전을 위해 다방면에서 실질적 지원을 했다. 평화회담을 반대한 미국은 자국민인 레더라크의 이런 개입을 달가워하지 않았다. 급기야 미국 정보국이 그의 딸을 납치하려는 계획까지 세웠다. 이를 알게 된 반정부군 인사의 귀띔으로 그의 가족은 무사히 해외로 피신할 수 있었다. 그는 몇 개월 후 홀로 코스타리카로 돌아가 자문을 계속했고 평화회담은 성공적으로 이뤄져 종전협정이 체결됐다.

1990년 대학에 자리를 잡으면서 레더라크의 '실천하는 연구자'의 삶이 본격적으로 시작됐다. 대학에서 가르치고 연구하면서 동시에 그는 세계 곳곳의 현장을 다녔다. 평범한 시민들부터 정부 고위급 인사들까지 다양한 사람들을 교육시키고, 내전 종식을 조정하며, 많은 나라의 평화 이행 과정을 계획하고 자문하는 역할을 했다. 그의 현장 경험은 수업에서 학생들에게 전해지고 체계적인 이론으로 구성됐다. 그리고 여러 사람의 통찰을 참고해 만들어진 이론이 다시 현장에 적용되었다.

레더라크가 연구자와 실천가로서 지금까지 하고 있는 일은 아담 컬이 했던 것과 다르지 않다. 또한 두 사람의 연구와 실천은 다른 많은 평화 연구자들이 하고 있는 일과 다르지 않다. 이들은 평화를 업으로 삼은 사람들이고 그 업을 충실히 실행하기 위해 연구자이면서 동시에 현장에서 실천가로서의 삶을 함께 살고 있다.

폭력 현장의 사람들, 해는 끼치지 말아야 한다

평화를 업으로 삼는 사람들 중 주목해야 할 또 다른 부류는 아마도 폭력이 만연한 현장에서 희생된 사람들을 위해 일하는 사람들이다. 폭력의 현장은 전쟁 중인 곳, 전쟁 후 사회 재건이 시작되는 곳, 정치적 불안으로 무장 갈등의 위험이 상존하는 곳 등 다양하다. 이런 사회들에는 신체의 안전을 위협하는 폭력이 항상 존재한다. 이런 폭력의 현장에서 평화를 위해 일하는 내용은 다양하다. 아담 컬과 그의 동료들처럼 전쟁을 끝내기 위해 조정을 하기도 하고, 난민들을 돕기도 하고, 무장 갈등을 예방하기 위해 교육을 하거나 감시를 하기도 하며, 생계유지를 돕기 위한 지원 활동을 하기도 한다.

심각한 물리적 폭력이 만연한 사회에서 평화를 위해 일한다는 것은 쉽지 않은 일이다. 가장 큰 어려움은 그 사회를 잘 모르는 사람이 의도치 않게 오히려 평화의 회복을 더 어렵게 만들 수도 있다는 것이다. 때로는 그곳 사람들의 필요를 간과하거나 분란과 대결을 악화시키는 결과를 야기할 수도 있다. 그래서 고안된 것이 '두 노 함Do No Harm, DNH' 접근법이다. 도움은 주지 못할지언정 최소한 '해는 끼치지 말아야 한다'는 원칙에 기초해 현장 활동을 계획하고 실행하는 것이다.

구호 개발은 기본적으로 좋은 의도에서 시작되지만 폭력이 만연한 상황에서는 오히려 역효과를 내기도 한다. 무장 단체가 구호 물품을 강탈해 무기 구입에 써서 결과적으로 구호 활동이 전쟁에 일조하는 일이 벌어지기도 한다. 전쟁에 진 부족 공동체의 재건을 지원하는 것이 대립 관계에 있는 다른 부족 공동체에는 적을 돕는 것으로 비춰져 부족 사이의 대립이 다시 벌어지기도 한다. 구호 단체가 지원한 난민 귀환 때문에 고향을 지켰던 사람들과 돌아온 사람들 사이에 반목과 갈등이 야기되기도 한다. 이렇게 지원은 잘못 이뤄지면 언제든 새로운 폭력의 불씨가 될 수 있다. 때문에 외부의 지원과 노력이 최소한 폭력을 늘려서는 안 된다는 현장 활동가들의 윤리적 책임감과 성찰, 그리고 평화에 조금이나마 도움이 되는 일을 해야 한다는 겸손함과 사명감이 DNH 접근법의 기초가 됐다.

　DNH 접근법은 해당 사회의 폭력 상황을 전체적으로 파악하고 사회 구성원들의 긴장과 갈등에 기여하는 '분할요소dividers'와, 반대로 관계 유지와 상호 이해에 기여하는 '연결요소connectors'를 찾는 것에서부터 시작된다. 경제적 불평등, 열악한 지리적 위치, 정치적 차별과 소외, 종교갈등 등은 흔히 꼽히는 분할요소다. 반면 원로회의, 학교, 시장, 종교 지도자, 공유하는 전통, 공동의 역사 등은 연결요소다. 현장 활동가들은 이런 두 종류의 요소를 파악하고서 추진중인 구호 개발 프로젝트가 분할요소 또는 연결요소에 어떤 영향을 주는지 분석하고 프로젝트를 수정하게 된다. 나아가 단순히 긴급한 생활용품과 기본 의식주를 해결하는 것에 그치지 않고 사회 구성원들의 역량 형성에도 기여할 수 있도록 프로젝트에 새로운 내용을 추가한다. 자신들은 언젠가는 떠나게 되겠지만 남아서 사회를 재건하고 평화를 회복해야 할 사람들은 그곳의 사람들이기 때문이다. 이런 세심한 접근은 실행하기는 힘들지만 예상치 못한 효과를 내기도 한다.

1992년 9월 아일랜드의 구호개발단체인 트로카이레Trocaire는 당시 내전을 겪고 있던 소말리아 서남부의 게도Gedo 지역에서 구호 활동을 시작했다. 이곳 사람들은 전쟁뿐만 아니라 피난민의 유입으로 갑자기 10배나 늘어난 인구 때문에 이중고를 겪고 있었다. 전쟁으로 모든 농사는 중단됐고, 약탈로 가축 사육은 힘들어졌으며, 기근과 질병으로 사망자가 증가했다. 이런 상황에서 다른 구호 단체들이 한 일은 당연히 식량과 생필품을 공급하는 것이었다. 그러나 트로카이레 직원들의 대처는 조금 달랐다. 그들은 처음부터 몇 개월의 구호 활동 후 농업·보건·교육·수도시설 등의 복구 및 개발 활동으로 프로그램을 바꾼다는 계획을 가지고 있었다. 그렇지 않으면 외국 단체들이 떠나고 난 뒤 주민들만 남았을 때 사회 재건과 평화 회복이 이뤄지기 힘들 것이라고 생각했기 때문이다.

트로카이레 직원들은 게도 지역 전체 마을을 방문해 주민들 및 원로들을 만나 긴 대화를 했다. 일부 마을만 구호를 중단하는 것 아니냐는 주민들의 의심을 없애기 위해 모든 마을에서 동시에 구호가 중단될 것임을 자세히 설명했다. 예고한 대로 1993년 1월부터는 복구와 개발 프로그램이 시작됐다. 이를 위해 먼저 교육 프로그램을 만들고, 주민들과의 의사소통과 협력관계를 강화했다. 10개월 후에는 소말리아 직원들 스스로 관리팀을 뽑아 관리 업무를 하게 했으며 아일랜드 출신 직원들의 수는 줄여나갔다. 오래지 않아 복구 및 개발 프로그램은 완전히 소말리아 사람들이 맡아서 하게 됐다.

특별히 주목할 점은 트로카이레가 처음 구호 활동을 시작할 때부터 대부분의 다른 단체들과는 달리 구호 물품과 직원 보호를 위한 무장 경비원을 전혀 고용하지 않은 것이었다. 절대 안전해서가 아니었다. 게도 지역은 위험했고 때로 무장 세력의 협박을 받기도 했다. 소말리아 다른 지역에서는 구호개발단체들이 무장 경비원을 고용하는 사례가 흔했기 때문에 그 일거리를 얻어 돈을 벌길 기대하는 주민들도 있었다.

그렇지만 트로카이레의 원칙은 단호했다. 현장 직원들은 자신들의 안전이 위협받을 수 있음을 알면서도 '구호의 무장화'를 거부했다. 이유는 무기와 군대로 돈을 버는 경제를 거부하고 무기 확산을 막기 위해서였다. 전쟁 때문에 문제가 생긴 상황에 무기를 들고 대응한다는 것이 모순적인 일이었기 때문이기도 하다. 무엇보다 무장 경비원의 고용은 폭력문화를 받아들이는 것이고 그것이 주민들 사이 분할요인이 돼 상황을 악화시킬 수도 있기 때문이었다. 무장 경비원은 자신들의 구호 활동에 당장은 도움이 되겠지만 평화 회복에는 오히려 악영향을 끼치게 될 것이었다. 트로카이레 직원들은 주민들에게 이런 원칙을 설명했

2012년 9월 21일 세계 평화의 날을 맞아 샌프란스시코에서 벌어진 플래시몹. 세계평화의 날은 1981년 한국의 조영식 박사가 제안해 유엔총회에서 기념일로 제정됐으며, 유엔은 이날을 '총성 없는 날'로 부르기도 한다. 해마다 전세계에서 전쟁과 폭력이 없어지길 희망하며 다양한 행사가 열린다.

고 주민들과 원로들은 자신들이 대신 협박과 약탈로부터 직원과 구호 물품의 안전을 보장해주겠다고 약속했다. 위험한 현장에서 일하면서도 그들이 그런 결정을 할 수 있었던 것은 평화를 위해서는 평화적 방법을 사용하는 것이 평화를 업으로 삼는 사람들의 원칙이라고 생각했기 때문이다.

싸움은 말리고 폭력은 없애고, 그들이 사는 법

갈등을 평화적으로 해결하는 데 전문적 도움을 제공하는 것도 평화를 업으로 삼는 사람들이 하는 일이다. 이들이 주로 일하는 현장은 정치적으로 불안하고, 무장 갈등이 자주 일어나고, 빈곤과 생존이 문제가 되는 그런 사회가 아니다. 오히려 민주주의가 정착되고, 시민들의 기본 권리가 보장되며, 삶의 질 향상이 주요 현안이 되는 비교적 안정된 사회다. 그렇지만 이런 사회에도 문제는 발생하기 마련이다. 정치 경제 현안, 시민 권리, 삶의 질, 개발, 환경 등과 관련해 수많은 갈등이 발생하고 잘 해결되는 경우보다 해결되지 않고 당사자들 사이에 대결과 싸움이 확산되는 일이 더 흔하다. 이런 당사자들 사이의 싸움을 말리고 당사자들이 대화로 문제를 해결할 수 있도록 도와주는 것이 바로 평화를 업으로 삼는 사람들이 하는 일이다.

갈등을 잘 해결하도록 전문적으로 도와주는 사람들이 모두 평화를 목적으로 일하는 것은 아니다. 그와 상관없이 사람들 사이의 갈등이 잘 해결되고 당사자들 사이의 관계가 회복되도록 도와주는 전문가들도 많다. 그들은 평화적 과정이나 관계의 회복을 염두에 두지 않는다. 그것은 여건이 좋을 때 따라오는 부산물 정도로 이해한다. 그러나 평화를 업으로 삼는 사람들은 반드시 힘의 불균형이 영향력을 발휘하지 못하도록 평화적 과정을 만들고, 당사자들이 동등한 위치에서 대화로 문제를 해결할 수 있도록 과정을 진행하며, 그 결과 관계가 개선 내지 회복될 수 있도록 최선을 다한다.

평화를 업으로 삼는 사람들이 하는 또 다른 일은 평화를 교육하는 것이다. 평화교육에서는 평화 및 폭력의 이해, 폭력 예방과 평화로운 관계를 위한 의사소통, 대화를 통한 갈등해결, 조직 및 공동체의 평화적 문제 해결, 관계 회복을 위한 화해와 치유 등의 주제가 다뤄진다. 평화교육은 그 자체로 좋은 의도를 가진 것이지만 그럼에도 평화교육 안에서 소외, 배제, 피해가 일어나지 않도록 조심한다. 그러기 위해서 모두가 자신의 생각을 자유롭게 말하고, 자신의 모습 그대로 존중받으며, 다른 사람에 대한 이해를 키울 수 있도록 교육 환경을 만든다

평화를 업으로 삼는다는 것은 어려운 일이다. 평화는 결국은 각각의 개인이나 집단이 선택할 수도, 선택하지 않을 수도 있는 가치다. 평화를 업으로 삼는 이들은 그들이 평화를 선택하도록 노력한다. 그러나 절대 힘을 이용한 억압이나 강요를 하지 않으며, 최종 선택은 항상 개인이나 집단의 자발적 의지에 맡긴다. 여러 설득과 노력에도 평화를 선택하지 않는다면 물러설 수밖에 없다. 전쟁이나 무장 갈등은 희생을 중단시키기 위해 시급히 종식돼야 하지만 선택권을 가진 개인이나 집단이 평화를 선택하지 않는다면 어쩔 수 없이 기다려야 한다. 비난과 증오가 첨예해지고 싸움이 격렬해진 개인 또는 집단 사이의 갈등도 마찬가지다. 평화적 해결을 위해 과정을 설계하고, 지원하고, 독려하지만 당사자들이 대화를 원치 않는다면 그 선택을 존중해야 한다.

평화교육을 하는 사람들은 직간접적으로 끊임없이 폭력의 희생자를 보게 되고, 교육 후에도 과거의 폭력문화가 반복되는

현실을 마주하게 된다. 이런 점은 평화를 업으로 삼는 사람들이 겪는 가장 큰 어려움이다. 평화를 추구함에도 항상 폭력적 상황을 대면해야 하고, 폭력의 양상 및 진행을 분석해야 하며, 때로 그런 폭력적 환경 안에서 일해야 하는 것이다. 그러면서도 평화의 가치와 평화적 공존에 대한 비전을 유지하는 것이 평화를 업으로 삼는 사람들이 직면하는 가장 큰 도전이자 기꺼이 감당해야 할 숙제다.

2003년에서 2005년 사이에 미국의 한 단체가 평화를 업으로 삼는 사람들 60명을 인터뷰했다. 모두 오래되고 해결이 힘든 무장 갈등이나 사회 갈등을 다루는 연구자들과 현장 실천가들이었다. 인터뷰의 목적은 그들이 폭력의 현장에서 평화를 이루기 위해 일하면서 경험한 것을 듣고 공통점을 찾아보는 것이었다. 수많은 상황과 경험이 사람들 입에서 나왔고 자연스럽게 폭력을 평화로 바꾸는 일을 하기 위해 갖춰야 할 미덕도 언급됐다. 흥미롭게도 많은 사람들이 공통으로 몇 가지 점을 강조했다. 그것들은 '듣기' '겸손' '인내' '희망'이었다.

가장 많이 나온 것이 '듣기'였는데 많은 사람들이 희생자의 목소리를 듣는 것 자체가 희생을 인정하고 그들의 상처를 치유하는 것임을 강조했다. 동시에 듣기가 단순히 문제를 이해하기 위한 것이 아니라 신뢰를 쌓는 중요한 일임을 언급했다.

'겸손' 또한 자주 언급됐다. 이방인으로 가서 전문가 행세를 하며 해답을 제시하는 태도를 경계해야 한다는 것이었다. 또한 자신이 모르는 현장에 가서 그 사회를 망치거나 해를 끼칠 수 있다는 점을 항상 명심해야 한다고 강조했다.

'인내' 또한 꼭 필요한 미덕으로 꼽혔다. 오래된 무장 갈등이나 사회 갈등 상황에서는 흔히 같은 일이 반복되고, 불편함과 불안 때문에 당사자들의 태도나 행동이 쉽게 바뀌지 않기 때문에 인내가 반드시 필요하다는 것이었다.

그리고 빼놓을 수 없는 것이 '희망'이었다. 평화 연구자와 활동가들은 수 년, 수십 년 동안 해결되지 않은 사회 갈등이나 무장 갈등에 직면하면서 희망을 버리기는 쉽지만 그것은 결국 어려움에 직면한 사람들을 포기하는 것이라고 말했다. 희망은 갈등을 겪는 사람들에게도 반드시 필요하다는 것이다. 이들은 평화를 업으로 삼는다는 것이 결국 매일 스스로 평화의 가치를 되새김질하고 자신을 격려하며 태도와 행동을 가다듬는 것임을 강조했다.

많은 사람들이 평화를 업으로 삼는 가장 큰 이유는 희생에 대한 관심 때문이다. 그들이 평화의 가치를 선택한 이유도 결국은 폭력에 희생되는 사람들에 대한 연민과 관심이다. 희생을 외면해서는 안 되고, 희생이 그쳐야 하고, 미래의 희생을 막아야 하고 함께 노력한다면 막을 수 있다고 생각하기 때문이다. 희생당하는 사람들에게 평화는 삶이고 생존이며 미래기 때문이다. 그리고 상대적으로 힘이 약해서 희생당하는 이들을 돕는 사람들이 있을 때 그들이 절실히 필요로 하는 평화가 이뤄진다고 생각하기 때문이다. 평화를 업으로 삼는 사람들은 바로 그런 일을, 자신의 삶을 걸고서 하는 사람들이다.